Naturwissenschaftliche Texte bei Kindler

herausgegeben von
Fritz Krafft

Wilhelm Conrad Röntgen

Über eine neue Art von Strahlen

Mit einem biographischen Essay
von Walther Gerlach

Herausgegeben und
mit einem Vorwort
versehen von Fritz Krafft

verlegt bei Kindler

Unveränderter Nachdruck der
zum siebzigsten Geburtstag
des Verfassers von der Physikalisch-
Medizinischen Gesellschaft in
Würzburg herausgegebenen
Ausgabe: »W. C. Röntgens grundlegende Abhandlungen über
die X-Strahlen.«

Der biographische Essay von Walther Gerlach
über Wilhelm Conrad Röntgen wurde mit
Genehmigung der Kindler Verlag AG
Zürich, dem Band IX der Enzyklopädie
»Die Großen der Weltgeschichte«
entnommen.
Redaktion: Werner Heilmann
Korrekturen: Franz J. Keutler
Druck: Georg Appl, Wemding
Bindearbeiten: Conzella, München
Printed in Germany
ISBN 3463005077

Inhalt

VORWORT

Die erste Aufnahme der Entdeckung der Röntgen-Strahlen

Ein jeder von uns ist in seinem Leben wohl mindestens einmal ›geröntgt‹ worden. Die ›Röntgenschwester‹ führt dazu den Patienten vor den ›Röntgenschirm‹ des ›Röntgenapparates‹, auf dem mittels der ›Röntgenstrahlen‹ ein ›Röntgenbild‹ oder ›Röntgenogramm‹ des zu untersuchenden Körperteiles entsteht, aufgrund dessen der ›Röntgenologe‹ der ›Röntgenarzt‹ seine Diagnose stellt. – Es gibt allerdings gar nicht so wenige Ärzte, die mit derselben Prozedur ihre Patienten nicht ›röntgen‹, sondern durchleuchten, sich also gegen solche hybriden Wortbildungen, für die die modernen Gegenwartssprachen ja sehr anfällig sind, aus einem gewissen Gefühl für ihre Muttersprache heraus sträuben; denn sie wissen natürlich noch, daß Röntgen keine Tätigkeit, sondern der Name eines deutschen Physikers ist, der vor nunmehr 75 Jahren jene Strahlen entdeckt und untersucht hat, mit deren Hilfe der Mediziner, Physiker und Techniker seitdem in zunehmendem Maße ohne Eingriff *Ein*blick in das Innere von Körper, Stoff und Material gewinnt.

Es gibt wohl keine andere naturwissenschaftliche Entdeckung, deren Anwendungen und Folgen von vornherein und in so kurzer Zeit so weitreichende und segensreiche Auswirkungen hatten wie die der wenig später so genannten Röntgen-Strahlen. Wilhelm Conrad Röntgen selbst hatte seine Entdeckung allerdings noch X-Strahlen genannt, weil dieses aus den genügend aufgeladenen Vakuumröhren austretende ›Agens‹ eine gewisse Verwandtschaft mit dem Licht hatte, insofern es Schatten bildete, Fluoreszenz erzeugte und chemisch wirkte, andererseits aber eine Reihe von Eigenschaften besaß, die zu denen aller anderen damals bekannten Strahlen (Lichtstrahlen, Kathodenstrahlen, Wärmestrahlen) im krassen Gegensatz standen. Er hat diese Bezeichnung allerdings auch beibehalten, nachdem Max von Laue 1912 das X aufzulösen vermocht hatte und seine Deutung der X-Strahlen als extrem kurze elektromagnetische Schwingungen jenseits des sichtbaren Bereiches durch Experimente bestätigt worden war. Die Anwendung dieser Strahlen in der zerstörungsfreien Grobstrukturanalyse von lebenden Körpern oder technischen Objekten (Röntgen-Diagnostik, Röntgen-Materialprüfung) war jedoch unabhängig von ihrer richtigen Deutung möglich gewesen, und auf ihr beruht auch im wesentlichen der durchschlagende Erfolg; denn an sie hielt sich die sensationshungrige Presse und sorgte für die sofortige weltweite Verbreitung der Entdeckung und ihrer Anwendungsmöglichkeiten – zum großen Teil noch bevor die wissenschaftliche Publikation Röntgens selbst bekannt gewesen sein konnte. Die teils vagen Andeutungen in der Presse hatten für das Verständnis und die Wiederholbarkeit der Versuche ausgereicht, weil die von Röntgen benutzten Apparate (Vakuumröhren zur Erzeugung von Kathodenstrahlen und nach dem Pariser Hersteller Ruhmkorff genannte Induktoren) damals an allen physikalischen Instituten der alten und neuen Welt in Gebrauch waren, und die verhießene Wirkung spornte Physiker und Mediziner gleichermaßen an, was die wissenschaftliche Abhandlung kaum im selben Maße hätte erreichen können.

Damit wird die Leistung Röntgens aber keineswegs geschmälert – im Gegenteil, sie ist nicht hoch genug einzuschätzen, weil Röntgen etwas sah, was viele andere zu seiner Zeit auch hätten sehen können und manche vielleicht auch gesehen haben, ohne sich dessen bewußt geworden zu sein und ohne die Zusammenhänge auch nur zu ahnen[1]), und weil Röntgen innerhalb sehr kurzer Zeit diese seine Entdeckung nach den verschiedensten Gesichtspunkten für längere Zeit erschöpfend untersucht und seine Ergebnisse in mustergültiger Form ohne voreilige Deutungen zusammengestellt und publiziert hat. Aber die Einsatzmöglichkeit der neuen Kommunikationsmittel erklärt das Tempo und das Ausmaß des Bekanntwerdens etwa gegenüber gleichartigen Publikationen vergleichbarer älterer Entdekkungen. Man muß unwillkürlich an die Erfindung des Fernrohres um 1608 in Holland denken, von der Galileo Galilei in Italien gehört hatte, woraufhin er ein solches nachbaute und vorführte, worüber in Deutschland die Zeitungen berichteten, lange bevor Galileis

1) Tatsächlich wurden nach der ersten Publikation Röntgens sogleich einige, wie sich später herausgestellt hat, unbegründete Prioritätsansprüche gestellt.

Flugschrift mit den Berichten über die damit gemachten ersten Entdeckungen am Himmel, der ›Sidereus Nuncius‹, Anfang 1610 erschienen und hier käuflich war.[2]) Ohne Mithilfe der Zeitungen wurde dagegen Hans Christian Ørsteds Entdeckung der magnetischen Wirkung der Elektrizität, des Zusammenhanges zwischen Magnetismus und Elektrizität, bekannt, über die er in einem 4 Seiten umfassenden Rundbrief 1820 allen bedeutenden Physikern und wissenschaftlichen Institutionen Mitteilung machte.[3]) Die Wirkung auf die Wissenschaftler und die Bedeutung für den Fortgang der Naturerkenntnis waren denen der Röntgenschen Entdeckung vergleichbar; nur fehlte der Ørstedschen Entdeckung der direkte Bezug zu so elementaren Bedürfnissen des Menschen wie dem Wunsch, ins Innere der Dinge und seiner selbst zu schauen und sich bei körperlichen Gebrechen helfen zu können.

Im Mai und Juni des Jahres 1894 begann Röntgen in seinem Physikalischen Institut der Julius Maximilians-Universität in Würzburg mit Untersuchungen der Kathodenstrahlen, die später zum Ausgangspunkt seiner Entdeckung wurden. Am 4. Mai schrieb er an Philip Lenard, damals Privatdozent bei Heinrich Hertz in Bonn[4]):

»Sehr geehrter Herr Doctor! Ich möchte gerne Ihren wichtigen Versuch über Kathodenstrahlen in der freien Atmosphäre etc. sehen und habe mir dazu bei *Müller-Unkel* einen ›bewährten‹ Entladungsapparat bestellt. Für den Bezug der Fensterblättchen fehlt mir aber eine zuverlässige Quelle; vielleicht haben Sie die Freundlichkeit, mir eine solche per Postkarte anzugeben. Hochachtungsvollst Ihr ergebener gez. Dr. W.C. Röntgen.«

Der gleichzeitig bestellte Entladungsapparat wurde von der Braunschweiger Firma Müller-Unkel sofort geliefert, und Lenard schickte Röntgen einige Fensterfolien mit folgendem Begleitschreiben[5]):

2) Auch damals kam es in den folgenden Jahren zu mehreren Prioritätsstreitigkeiten, insbesondere bezüglich der Entdeckung der Jupitermonde und Sonnenflecken (die letztere erfolgte erst nach der Veröffentlichung des ›Sidereus Nucius‹).

3) Vgl. meinen Artikel ›Ørsted‹ in: Große Naturwissenschaftler. Biographisches Lexikon, herausgegeben von F. Krafft und A. Meyer-Abich. Frankfurt/Main 1970, S. 245-247 (Fischer Handbücher, 6010); S. Ross: The search for electromagnetic induction, 1820-1831. In: Notes and Records of the Royal Society London 20 (1965), S. 184-219.

4) Vgl. J. Stark: Zur Geschichte der Röntgenstrahlen. In: Physikalische Zeitschrift 36 (1935), S. 280ff.

5) Vgl. L. E. Etter: Some historical data relating to the discovery of the Roentgen rays. In: American Journal for Roentgenology 56 (1946), S. 220ff.

»Hochgeehrter Herr Professor! Die Bezugsquelle für die dünne Aluminiumfolie ist auch für mich immer eine Schwierigkeit gewesen, denn die Fabrikanten geben nicht gern ungewöhnliche Dicken ab, oder verwenden doch wenig Sorgfalt auf kleine Partien, so daß die Blätter löcherig ausfallen. Es mangelt mir gegenwärtig auch an einer guten Bezugsquelle. Ich erlaube mir daher, Ihnen zwei Blätter aus meinem kleinen Vorrat zu übersenden. Die Dicke beträgt etwa 0,005 mm. Ich habe übrigens von Herrn Müller-Unkel kürzlich gehört, daß er nunmehr Apparate mit fertigem Fensterverschluß, unausgepumpt, liefert. Hochachtungsvoll bin ich Ihr ergebener P. Lenard.«

Durch dieses Entgegenkommen Lenards konnte Röntgen sich sofort an die Wiederholung der Lenardschen Versuche machen; am 21. Juni teilte er Ludwig Zehnder mit, »daß ich mit einem von *Müller-Unkel* in Braunschweig bezogenen Apparat die Kathodenstrahlen in Luft und in Wasserstoff von normaler Dichte gesehen habe und von dem schönen Versuch ganz begeistert bin ...«[6]) Allerdings haben ihn dann die Verpflichtungen des Rektoratsamtes, das Röntgen für das akademische Jahr 1894/95 übergeben wurde, von der Fortsetzung der Versuche längere Zeit abgehalten; erst im Spätherbst 1895 konnte er sie wieder aufnehmen. Er benutzte jetzt verschiedene Vakuumröhren, einen fluoreszierenden Leuchtschirm zum Nachweis der Kathodenstrahlen und photographische Platten zum selben Zweck. Als Ladungsquelle diente ihm ein größerer Funkeninduktor nach Ruhmkorff der Firma Ernecke in Berlin.[7]) Um die Wirkung der Kathodenstrahlen besser im verdunkelten Raum beobachten zu können, hatte Lenard seine Röhre in einem Gehäuse aus Zinkblech untergebracht. Röntgen hatte zu demselben Zweck die Röhren mit einem »ziemlich eng anliegenden Mantel aus dünnem, schwarzem Karton« versehen. Um die Lichtundurchlässigkeit einer so verkleideten Hittorfschen Röhre zu prüfen, verdunkelte Röntgen das Zimmer, wenn er den hochgespannten Strom anschloß. Bei einer solchen Gelegenheit beobachtete er am späten Abend des 8. November 1895 hell fluoreszierende Kristalle auf dem Leuchtschirm in der Nähe der abgedunkelten Röhre – die Wirkung von

6) Vgl. Röntgens Briefe an Zehnder. Zürich 1935.

7) Dieser ›Ruhmkorff‹ sowie (später) von Röntgen benutzte Vakuumröhren befinden sich heute im Deutschen Museum von Meisterwerken der Naturwissenschaft und Technik in München. Sieh auch: Schätze im Deutschen Museum. Herausgegeben im Auftrage des Deutschen Museums und des Vereins Deutscher Ingenieure von H. Aue und F. Klemm. Düsseldorf 1968, S. 122f.

aus der Röhre austretenden, Materie durchdringenden unsichtbaren Strahlen, wie die weitere Untersuchung dieser Erscheinung in den folgenden Wochen ergab.

Was Röntgen sich selbst dabei ursprünglich dachte, ist unbekannt. Er hat auch später selten über die eigentliche Entdeckung gesprochen. Seine Assistenten wußten von den Versuchen nichts und erfuhren von ihnen erst aus der »Vorläufigen Mitteilung«. Der befreundete Zoologe Theodor Boveri berichtete, Röntgen habe ihm in der ersten Zeit nach der Entdeckung einmal kurz gesagt: »Ich habe etwas Interessantes entdeckt, aber ich weiß nicht, ob meine Beobachtungen korrekt sind.« Nähere Umstände der Entdeckung und ihre Aufnahme und Deutung durch Röntgen bleiben darüberhinaus ungewiß.[8]) Röntgen hat aber seine sorgfältigen Untersuchungen ohne Assistenz und in sehr kurzer Zeit durchgeführt; denn bereits am 28. Dezember reichte er sein handschriftliches Manuskript der Arbeit »Über eine neue Art von Strahlen (Vorläufige Mitteilung)« beim Sekretär der Physikalisch-Medizinischen Gesellschaft in Würzburg ein. Sie wurde von den Herausgebern der Sitzungsberichte sofort aufgenommen – obgleich in keiner der Sitzungen bis dahin darüber gesprochen worden war – und, wie eine handschriftliche Notitz am Rande des Manuskriptes besagt, »an den Schluß *vor* den Jahresbericht« in den im Druck befindlichen Band des Jahrganges 1895 eingeschoben, mit der Angabe »Am 28. Dezember wurde als Beitrag eingereicht: / W. C. Röntgen: Ueber eine neue Art von Strahlen. / (Vorläufige Mittheilung.)«[9]) Röntgen ließ sich gleichzeitig einige Sonderdrucke herstellen, die er bereits am Neujahrstag des folgenden Jahres 1896 an Kollegen verschickte, wobei er einigen Ablichtungen seiner ersten photographischen Aufnahmen mit den neuen Strahlen beilegte.

Der Berliner Physiker Otto Lummer war einer der Empfänger, und er beschrieb am 15. Februar 1896 seinen ersten Eindruck, der

8) Vgl. O. Glasser: Wilhelm Conrad Röntgen und die Geschichte der Röntgenstrahlen. Mit einem Beitrag ›Persönliches über W.C. Röntgen‹ von Margret Boveri. 2. Auflage, Berlin usw. 1959 (^{1}1931), S. 1-14. – Dieser maßgeblichen Darstellung der Ereignisse der Jahre 1895/96 sind im wesentlichen die Daten und Texte dieser Skizze entnommen.

9) W. C. Röntgen: Ueber eine neue Art von Strahlen (Vorläufige Mittheilung). In: Sitzungsberichte der Physikalisch-Medizinischen Gesellschaft in Würzburg 137 (1895), S. 132-141.

charakteristisch für die erste Aufnahme bei den Fachkollegen ist[10]):

»Denn wahrlich beim Lesen der einige Tage vorher von Professor Röntgen mir zugesandten vorläufigen Mitteilung ... konnte ich mich des Gedankens nicht erwehren, ein Märchen vernommen zu haben, wenn auch der Name des Autors und dessen stichhaltige Beweise mich von diesem Wahne schnell genug befreiten. Wohl stand es schwarz auf weiß gedruckt, daß man die Metallgewichte in einem geschlossenen Holzkasten photographieren und die Knochen der lebenden Hand auf die Platte zaubern könnte, aber erst die wirkliche Photographie vermochte für jedermann die Tatsache zur Gewißheit zu stempeln. Selten dürfte es sich ereignen, daß eine reale physikalische Tatsache bei ihrem ersten, freilich unvollkommenen Bekanntwerden durch die Tageszeitungen scheu aufgenommen wird als Hirngespinst eines Kranken oder Spaßvogels und deswegen von ernsteren Blättern nicht abgedruckt, von den Spiritisten sofort aber gedeutet wird als Offenbarung aus der vierten Dimension.«

Emil Warburg hatte die ihm zugeschickten Photographien Röntgens aus Anlaß der Feier des fünfzigjährigen Bestehens der Berliner Physikalischen Gesellschaft am Samstag, den 4. Januar, im Berliner Physikalischen Institut, in dem aus demselben Anlaß Experimentalvorführungen stattfanden und eine Instrumentenausstellung aufgestellt war, ausgestellt und im Programm darauf hinweisen lassen.[11]) Den meisten Besuchern waren die Photographien allerdings entgangen – auch dem Vorsitzenden der Physikalischen Gesellschaft, Wilhelm von Bezold, der in seiner Festansprache während des Bankettes am Abend im Hotel Reichshof deshalb nicht auf sie eingehen konnte. In einer Anmerkung zu der in den Verhandlungen der Physikalischen Gesellschaft zu Berlin abgedruckten Festansprache[12]) entschuldigt der Festredner sich dafür und führt begeistert aus:

»Leider war es dem Redner, der überdies an diesem Abend geschäftlich stark in Anspruch genommen war, ebenso wie manchen anderen Mitgliedern der Gesellschaft gänzlich unbekannt geblieben, daß sich unter den ausgestellten Gegenständen an einer weniger auffallenden und durch zahlreiche Beschauer verdeckten Stelle die ersten Röntgenschen Photographien befan-

10) O. Lummer: Über die von Prof. W. C. Röntgen entdeckte neue Art von Strahlen. In: Mechaniker 4 (Januar 1896), S. 17.

11) Verhandlungen der Physikalischen Gesellschaft zu Berlin 15, Nr. 8 (Januar 1896): »Eine Reihe von Photographien, welche Herr Röntgen in Würzburg vermittels der jüngst von ihm entdeckten X-Strahlen aufgenommen hat.«

12) a.a.O. (Anm. 11). – Die Photographien wurden in der Februarnummer der Photographischen Rundschau 10 (1896), S. 40, beschrieben.

den. Wäre ihm auch nur ein Wort darüber zu Ohren gekommen, so hätte er seine Rede in ganz anderem Tone geschlossen und der seltenen Weihe gedacht, welche dem Feste dadurch verliehen worden sei, daß an diesem Tage zum ersten Male die Ergebnisse einer Entdeckung mitgeteilt wurden, deren weittragende Bedeutung auf den ersten Blick erkannt werden mußte.«

Inzwischen war nicht aus Berlin, sondern aus Wien die Nachricht von der Entdeckung um die ganze Welt gelaufen. Auch seinem ehemaligen Kommilitonen und Assistenzkollegen Franz Exner in Wien hatte Röntgen seine Abhandlung und ersten Photographien am 1. Januar geschickt. Am selben Abend des 4. Januars, an dem diese in Berlin ausgestellt wurden, zeigte er sie seinen Kollegen, die zu einem der regelmäßigen Diskussionsabende zusammengekommen waren, an dem als Gast auch der Prager Experimentalphysiker Ernst Lecher teilnahm. Man staunte allgemein und stellte in der lebhaften Diskussion die gewagtesten Hypothesen über die Art der verwendeten Strahlen auf. Lecher erbat sich beim Aufbruch die Photographien für kurze Zeit und zeigte sie noch gegen Mitternacht seinem Vater, der damals Redakteur der »Wiener Presse« war. Dieser witterte sogleich die sensationelle Neuigkeit und bat seinen Sohn, ihm noch für die nächste Morgenausgabe einen kurzen Bericht über die Entdeckung und ihre Anwendung zu verfassen. Dieser erschien dann, vom Vater Lechers stark erweitert um eine Vorausschau über die medizinischen Anwendungsmöglichkeiten, auf der ersten Seite der Sonntagsausgabe der »Presse« vom 5. Januar 1896 unter der Überschrift »Eine sensationelle Entdeckung«. Die »Presse« war allerdings keine weitverbreitete Zeitung. Einer ihrer Mitarbeiter machte jedoch den Wiener Vertreter des »Daily Chronicle« auf den Bericht aufmerksam; und dieser telegraphierte ihn sofort nach London. Von dort ging am Abend des 6. Januars die Nachricht in alle Welt. Dieses Londoner Pressekabel, das insbesondere in Amerika von vielen Zeitungen bereits am 8. Januar abgedruckt wurde, hatte folgenden Wortlaut:

»Der Lärm des Kriegsalarmes sollte die Aufmerksamkeit nicht ablenken von einem wunderbaren Triumphe der Wissenschaft, der eben aus Wien mitgeteilt wird. Es wird berichtet, daß Prof. Routgen [sic!] von der Universität Würzburg ein Licht entdeckt hat, daß beim Photographieren Holz, Fleisch und die meisten anderen organischen Substanzen durchdringt. Es ist dem Professor gelungen, Metallgewichte in einer geschlossenen Holzschachtel sowie eine menschliche Hand zu photographieren, wobei sich nur die Knochen zeigen, während das *Fleisch unsichtbar ist.*«

»Am 7. Januar druckte auch der Londoner »Standard« einen Bericht seines Wiener Korrespondenten. Alle ausführlicheren Berichte der ersten Januartage des Jahres 1896 stützten sich dann aber auf den längeren Artikel, der im Feuilleton der »Frankfurter Zeitung« vom 7. und 8. Januar[13]) erschienen war und folgenden Wortlaut hatte:

»Eine sensationelle Entdeckung.

In den gelehrten Fachkreisen Wiens macht gegenwärtig die Mitteilung von einer Entdeckung, welche der Professor der Physik *Wilhelm Conrad Röntgen* in Würzburg gemacht haben soll, große Sensation. Wenn sich dieselbe bewährt, so hat man es mit einem in seiner Art epochemachenden Ergebnisse der exakten Forschung zu tun, das sowohl auf physikalischem wie auf medizinischem Gebiete ganz merkwürdige Konsequenzen bringen dürfte. Die ›Wiener Presse‹ erfährt darüber:

Professor *Röntgen* nimmt eine Crookessche Röhre – eine sehr stark ausgepumpte Glasröhre, durch die ein Induktionsstrom geht – und photographiert mit Hilfe der Strahlen, welche diese Röhre nach außen hin aussendet, auf gewöhnlichen photographischen Platten. Diese Strahlen nun, von deren Existenz man bisher keine Ahnung hatte, sind für das Auge vollständig unsichtbar; sie *durchdringen*, im Gegensatz zu gewöhnlichen Lichtstrahlen, Holzstoffe, organische Stoffe und dergleichen *undurchsichtige* Körper. Metalle und Knochen hingegen halten die Strahlen auf. Man kann bei hellem Tageslicht mit ›geschlossener Cassette‹ photographieren. Das heißt, die Lichtstrahlen gehen den gewöhnlichen Weg und *durchdringen* auch den Holzdekkel, der vor die lichtempfindlichen Platten geschoben ist und sonst vor dem Photographieren entfernt werden muß. Sie durchdringen auch eine Holzhülle vor dem zu photographierenden Objekt. Professor *Röntgen* photographiert z.B. die Gewichtsstücke eines Gewichtssatzes, ohne das Holzetui zu öffnen, in welchem die Gewichte aufbewahrt sind.

Auf der gewonnenen Photographie sieht man nur die Metallgewichte, nicht die Cassette. Eben so kann man Metallgegenstände, die in einem Holzkasten aufbewahrt sind, photographieren, *ohne den Kasten zu öffnen.* Wie die gewöhnlichen Lichtstrahlen durch Glas gehen, so gehen diese neuentdeckten von Crookesschen Röhren ausströmenden Strahlen durch Holz und auch durch – Weichteile des menschlichen Körpers. Am überraschendsten ist nämlich die durch den erwähnten photographischen gewonnene Abbildung von einer menschlichen *Hand*, um deren Finger die Ringe frei zu schweben scheinen. Die Weichteile der Hand sind *nicht sichtbar.*

13) Frankfurter Zeitung 40, Nr. 7 (Dienstag, den 7. Januar 1896), Zweites Morgenblatt, Feuilleton; 40, Nr. 8 (Mittwoch, den 8. Januar 1896), Abendblatt, Kleines Feuilleton.

Einige Proben dieser sensationellen Entdeckung circulieren in Wiener Gelehrtenkreisen und erregen in denselben berechtigtes Staunen. Es wird wohl in allernächster Zeit bereits in den Laboratorien die Sache sehr eingehend geprüft und zu einer weiteren Entwicklung gebracht werden. Die *Physiker* werden ihre Studien über die bisher unbekannte Lichtleitung machen, welche Gegenstände durchdringt, die als undurchdringlich für das Licht gegolten haben und den Lichtstrahlen aus der Crookesschen Röhre den Durchgang ebenso gestattet wie eine Glasscheibe dem Sonnenlichte. Die Pfadfinder auf dem speziellen Gebiete der *Photographie* werden binnen kurzem der Entdeckung von allen Seiten auf den Leib rücken und Versuche anstellen, wie dieselbe vervollkommt, wie sie praktisch verwertet werden könne. Für diese praktische Verwertung wieder werden sich die *Biologen* und *Ärzte*, insbesondere zunächst die Chirurgen, lebhaft interessieren, weil sich hier ihnen eine Perspektive auf einen neuen, sehr wertvollen *diagnostischen Behelf* zu öffnen scheint.

Es ist angesichts einer so sensationellen Entdeckung schwer, phantastische Zukunftsspekulationen im Stile eines *Jules Verne* von sich abzuweisen. So lebhaft dringen sie auf denjenigen ein, der hier die bestimmte Versicherung hört, es sei ein *neuer Lichtträger* gefunden, welcher die Beleuchtung hellen Sonnenscheins durch Bretterwände und die Weichteile eines tierischen Körpers trägt, als ob dieselben von kristallhellem Spiegelglase wären. Die Zweifel müssen sich bescheiden, wenn man vernimmt, daß das photographische Beweismaterial für diese Entdeckung vor den Augen ernster Kritiker bisher Stand zu halten scheint. Vorläufig sei nur darauf hingewiesen, welche Wichtigkeit für die Diagnose von *Knochenverletzungen und Knochenkrankheiten* es haben würde, wenn es bei einer weiteren, nur rein technischen Entwicklung dieses neuen photographischen Verfahrens gelingt, nicht nur eine menschliche Hand in der Weise zu photographieren, daß auf einem Bilde die Weichteile nicht erscheinen, wohl aber eine genaue Zeichnung der Knochen. Der Arzt könnte dann zum Beispiel die Eigenart eines komplizierten Knochenbruches ganz genau kennen lernen ohne die für den Patienten schmerzliche manuelle Untersuchung; der Wundarzt könnte sich über die Lage eines Fremdkörpers im menschlichen Leibe, einer Kugel eines Granatensplitters, viel leichter als bisher und ohne die oft so qualvollen Untersuchungen mit der Sonde unterrichten. Für Knochenkrankheiten, die auf keine traumatische Ursache zurückzuführen sind, wären solche Photographien, vorausgesetzt, daß die Verfertigung derselben gelingen sollte, ebenso ein wertvoller Behelf für die Diagnose wie bei dem einzuschlagenden Heilverfahren.

Und läßt man der Phantasie weiter die Zügel schießen, stellt man sich vor, daß es gelingen würde die neue Methode des photographischen Prozesses mit Hilfe der Strahlen aus den Crookesschen Röhren so zu vervollkommnen, daß nur eine Partie der Weichteile des menschlichen Körpers durchsichtig bleibt, eine tiefer liegende Schichte aber auf der Platte fixiert werden kann, so wäre ein unschätzbarer Behelf für die Diagnose zahlloser *anderer*

Krankheitsgruppen als die der Knochen gewonnen. Eine solche Errungenschaft, ein solcher Fortschritt auf der einmal eröffneten Bahn will ja, die Richtigkeit der ersten Prämisse vorausgesetzt, nicht außer dem Bereiche aller Möglichkeit erscheinen. Wir gestehen, daß dies alles überkühne Zukunftsphantasien sind. Aber – wer im Anfange dieses Jahrhunderts gesagt hätte, das Enkelgeschlecht werde von der Kugel im Fluge getreue Bilder anfertigen und mit Hilfe eines elektrischen Apparates Zwiegespräche über den großen Ozean hin und wieder führen können, hätte sich auch dem Verdacht ausgesetzt, dem Irrenhause entgegenzureifen.«

»Frankfurt a/M., den 7. Januar.

Eine sensationelle Entdeckung. In den Mitteilungen über die Aufsehen erregende Entdeckung des Professors der Physik *Röntgen* in Würzburg trägt die ›Presse‹ vor allem die Tatsache nach, daß *Röntgen* seine Photographie *ohne* einen photographischen Apparat herstellt. Der Belichtungsstrom, welcher aus den Crookes'schen Röhren hervorgeht, passiert beim Photographieren *keine* Linse. Er fällt auf den zu photographierenden Gegenstand, und unmittelbar hinter demselben befindet sich die ›Cassette‹ mit dem zu einer gewöhnlichen photographischen Aufnahme präparierten Papier. Damit dieses Papier nicht vom Tageslicht berührt werde, ist es in der ›Cassette‹ wie gewöhnlich mit einem Holzdeckel geschützt. Dieser Holzdeckel, der sonst beim Photographieren bekanntlich entfernt werden muß, bleibt bei dem Röntgen'schen Verfahren eingeschoben. Ein eigentlicher photographischer Apparat könnte nicht angewendet werden, da die von den Crookes-Röhren ausgehenden Strahlen in der Linse nicht gebrochen werden. Die Strahlen sind, obwohl sie als Lichtträger durch Holz usw. durchdringen, für das menschliche Auge nicht sichtbar, sie entwickeln keine Wärme, sie üben keinen Einfluß auf die allerempfindlichsten magnetischen Instrumente aus. Diese eigentümlichen Strahlen pflanzen sich nicht in wellenförmigen, sondern in *geraden* Linien fort. Bekanntlich ist alle sogenannte ›Aetherbewegung‹, durch welche die Lichtstrahlen, der Schall, die gewöhnliche Elektrizität sich fortpflanzen, eine wellenförmige. Hier hat man zum ersten Male eine geradlinige Fortpflanzung, etwas, was als Hypothese von den Physikern aufgenommen, aber bisher niemals nachgewiesen werden konnte. Das Bedeutungsvolle an der Röntgen'schen Entdeckung für die Wissenschaft beruht hierin. Die wundersamen, unglaublichen Dinge, welche *Röntgen* gleich bei Beginn der Untersuchung über seine Entdeckung gefunden hat, die verblüffende Herstellung seiner Photographie, ist eigentlich rein nebensächlich im Vergleiche zu der eben erwähnten Konstatierung einer gradlinigen Fortbewegung gewisser Lichtstrahlen. In *Wien* befinden sich neun Photographien, welche Professor *Röntgen* an einen Fachgenossen eingesendet hat. Dieselben lassen bei der allereingehendsten Untersuchung durchaus keinen Zweifel über die vollständige Richtigkeit von *Röntgens* Angaben aufkommen. Je genauer, je strenger man sie untersucht, um so überzeugender wirken diese eigenartigen Lichtbilder. Professor *Röntgen* stellt dieselben her, indem er unter oder hinter dem zu photographierenden Gegenstand eine Casette mit präpariertem Papier anbringt und die Strahlen aus den Crookes'schen Röhren durch den zu photographierenden Gegenstand und den Holzdeckel der Cassette durchdringen läßt. Er legt zum Beispiel die Hand auf die photographische Cassette und ließ auf die Hand die Strahlen aus den Crookes'schen Röhren auffallen. So wurde jenes photographische Bild erzeugt, welches die Knochen der Hand mit den frei schwebenden Ringen darstellt, von dem wir in unserem ersten Artikel gesprochen haben. Der Würzburger Gelehrte kam, wie dies so häufig bei so sensationellen Entdeckungen geschieht, durch *Zufall* auf seinen großen Fund. Er hatte eine Crookes'sche Röhre, mit Stoff umwickelt, auf seinem Laboratoriumstische und ließ zu irgend einem Zwecke einen sehr starken elektrischen Strom durch dieselbe gehen. Nach einiger Zeit bemerkte er, daß in einiger Entfernung ein präpariertes Papier *Linien* zeigte, die bisher bei Einwirkung von Elektrizität nicht beobachtet wurden. Der scharfsinnige Gelehrte verfolgte diese Beobachtung weiter und das vorläufige Ergebnis seiner Studien ist das soeben Mitgeteilte. In Gelehrtenkreisen macht begreiflicherweise die Würzburger Mitteilung außerordentliche Sensation. Es werden Versuche gemacht, das Röntgen'sche Verfahren experimentell genauer zu studieren. Bisher scheint die Herstellung Röntgen'scher Photographien nicht geglückt zu sein, weil die zu Gebote stehenden Apparate nicht stark genug sind.«

Auch in den folgenden Wochen blieb die Frankfurter Zeitung führend in der Berichterstattung über die Entdeckung Röntgens und ihre Anwendungsmöglichkeiten. Es blieb fast keine Nummer aus, in der nicht über Röntgen oder seine Entdeckung berichtet wurde; bereits am 18. Januar taucht eine erste Version »Zur Vorgeschichte der Röntgen'schen Entdeckung« auf, am 6. Februar wird über die Einrichtung einer »Centralstelle zur Förderung der Röntgen'schen Entdeckung in Frankfurt am Main« berichtet. Besonders bemerkenswert sind aber die Daten der folgenden Schlagzeilen: »Die Röntgen'schen Strahlen in der Chirurgie« (23. Januar), »Von den Röntgenstrahlen (Wirkung in Paris)« (30. Januar), »Die Röntgenstrahlen in Zürich« (4. Februar).

Am 12. Januar war Kaiser Wilhelm II. durch die Pressenotizen auf die Entdeckung Röntgens aufmerksam geworden, hatte bei Röntgen telegraphisch anfragen lassen, ob die Meldungen den Tatsachen entsprächen, und ihn nach der Bestätigung zur Demonstration nach Berlin eingeladen. Bereits am folgenden Tag führte

Röntgen seine Versuche vor der Kaiserlichen Familie und hohen Staatsbeamten am Berliner Hof vor, die bei dem interessierten, und erstaunlich sachkundigen erlesenen Publikum begeistert aufgenommen wurden – auch darüber berichtete natürlich die Presse.[14]) – Hier in Berlin, d.h. am Hofe des Großen Kurfürsten zu Cölln an der Spree, hatte schon einmal ein deutscher Physiker auf höchste Einladung seine physikalischen Versuche vorgeführt: Otto von Guericke 1663 – damals noch nach einer Verzögerung von fast 10 Jahren nach der ersten Veröffentlichung seiner Erfindung und ähnlich grundlegenden Entdeckungen auf dem Regensburger Reichstag von 1653/54.[15]) Zu den damaligen Vorführungen hatten auch die ersten Demonstrationen elektrischer Kräfte an der Schwefelkugel gehört, wenn Guericke sie auch noch nicht als solche zu erkennen vermocht hatte; aber auch Röntgen wußte ja noch nicht, daß seine Strahlen in den Bereich der elektromagnetischen Wellen gehörten.

Die Einladung des Kaisers und die aus diesem Anlaß vorgenommene Verleihung des Kronenordens 2. Klasse waren der Beginn zahlreicher Ehrungen, die wiederum Zeugnis für die weltweite Aufnahme der Röntgen'schen Entdeckung ablegen, aber auch eine Pilgerwanderung von Kollegen und Reportern aus aller Welt und eine Flut von Einladungen zu weiteren Vortragsreisen auslösten. Wenige Tage nach dem Berliner Vortrag bat auch der Reichstagspräsident von Buol-Berenberg um eine Vorführung vor dem Deutschen Reichstag und Bundesrat in Berlin. Röntgen lehnte diese Einladung[16]) wie auch alle anderen, vor wissenschaftlichen Gesellschaften seine Entdeckung vorzuführen und zu erläutern, ab – nur vor der Physikalisch-Medizinischen Gesellschaft zu Würzburg, in deren

14) Kurze Notizen am 13. und 14 Januar; einen ausführlichen Bericht brachten die »Kieler Neuesten Nachrichten (Generalanzeiger für Schleswig-Holstein)« vom 4. Februar 1896 – abgedruckt bei O. Glasser, a.a.O. (Anm. 8), S. 83-86.

15) Der berühmte Versuch mit den von Pferdegespannen nicht auseinandergezogenen evakuierten sog. Magdeburger Halbkugeln wurde allerdings 1663 erstmals einem großen Publikum vorgeführt. Vgl. Otto von Guerickes Neue (sogenannte) Magdeburger Versuche über den leeren Raum. Nebst Briefen, Urkunden und anderen Zeugnissen seiner Lebens- und Schaffensgeschichte übersetzt und herausgegeben von H. Schimank, unter Mitarbeit von H. Gossen, G. Maurach und F. Krafft. Düsseldorf 1968 (Buch 3 enthält die Vakuum-Versuche, Buch 4 die ›elektrischen‹ Versuche zur Demonstration der ›Weltkräfte‹).

16) An seiner Stelle sprach am 30. Januar 1896 Prof. Spies aus Berlin im gefüllten Sitzungssaal des Reichstages.

Sitzungsberichten seine vorläufige Mitteilung erschienen war, hielt er in der Sitzung vom 23. Januar 1896 einen Vortrag, dessen Ankündigung zahlreiche Zuhörer aus allen Schichten der gebildeten Bevölkerung Würzburgs angelockt hatte und in dem Röntgen das einzige Mal selbst über die Umstände seiner Entdeckung, deren Zufälligkeit er mehrmals betonte, sprach, aber auch die Versuche von Hertz und Lenard als Voraussetzungen gebührend hervorhob. Nach Beendigung des Vortrages bat Röntgen den Nestor der Würzburger Professoren, seine Exzellenz Geheimrat Prof. Albert von Kölliker, ihm zu erlauben, seine Hand mit den neuen Strahlen zu photographieren. Unter großem Beifall des Auditoriums willigte der berühmte Anatom ein; und als die gelungene Photographie herumgezeigt wurde, überschlug sich die Begeisterung fast und fand ihren Höhepunkt, als von Kölliker in einer kurzen bewegten Ansprache auf die weittragende Bedeutung dieser Entdeckung einging und vorschlug, die X-Strahlen in Zukunft »Röntgen'sche Strahlen« zu benennen.[17])

Röntgen konnte sich dieser Ehrung nicht verschließen, wenn sie seinem bescheidenen Wesen auch keineswegs entsprach – zumal am selben Tag auch die Frankfurter Zeitung bereits von »Röntgen'schen Strahlen« gesprochen hatte (s.o.) und auch der erste Bericht der ›Elektrotechnischen Zeitschrift‹ (Berlin), die als erste deutsche wissenschaftliche Zeitschrift einen Artikel über Röntgens Entdeckung veröffentlichte, am selben Tag unter dem Titel »Die Röntgen'schen Strahlen« erschienen war[18]); am selben Tag war auch von der Wiener Akademie der Wissenschaften eine erste Arbeit über die neuen Strahlen von L. Pfaundler in ihre Sitzungsberichte aufge-

17) Berichte erschienen im Würzburger Generalanzeiger vom 24. Januar und am 28. Januar und 4. Februar in der Münchner Medizinischen Wochenschrift 43, S. 88ff. bzw. 114ff.

18) Elektrotechnische Zeitschrift 17 (1896), S. 54ff. – Vorher waren Artikel in wissenschaftlichen Zeitschriften bereits am 8. Januar (The Electrical Engineer [New York] 21, S. 51), 10. Januar (The Electrician [London] 36, S. 334; The British Journal of Photography 43, S. 26), 11. Januar (New York Medical Record; British Medical Journal 1896, S. 172; Lancet 74, S. 112), 14. Januar (Münchner Medizinische Wochenschrift mit einem Bericht über die Sitzung der Berliner Gesellschaft für Innere Medizin vom 6. Januar), 16. Januar (Nature [London] 53, S. 253; Wiener Klinische Wochenschrift 9, S. 48) und 20. Januar (Comptes Rendus [Paris] mit einem ersten Bericht über erfolgreiche Diagnosen mit Hilfe der X-Strahlen) erschienen. Auch die Januarnummern der Florenzer Zeitschrift La Settimana Medica (50, S. 67) und der New Yorker Science (3, S. 131) enthielten Artikel.

nommen worden, die den Titel »Beitrag zur Kenntnis und Anwendung der Röntgen'schen Strahlen« trug.[19]) Am 27. Januar wurde der Vorschlag von Köllikers vor den Mitgliedern der Pariser Académie des Sciences wiederholt und unter Beifall angenommen.

Die Benennung hat sich auf dem Strom der Begeisterung schnell eingebürgert und ist, von wenigen bewußten Ausnahmen[20]) abgesehen, zumindest in Deutschland mit den oben geschilderten hybriden Auswüchsen von Wortbildungen weitergeführt worden – trotz einiger früher Einwände. So schrieben schon B. Büttner und F. v. Müller in ihrem Buch »Die Technik und Verwertung der Röntgen'schen Strahlen im Dienste der ärztlichen Praxis und Wissenschaft« (Halle a.d. Saale 1897):

> »Der bei den Deutschen so bald populär gewordene Terminus ›Röntgenstrahlen‹ macht ihrer Pietät gegen große Männer mehr Ehre als derjenigen gegen ihre Muttersprache. Nicht Röntgenstrahlen sind es, sondern Kraftstrahlen oder allenfalls Ätherstrahlen, und zwar Röntgens oder Röntgensche Kraftstrahlen.«

In den anderen europäischen Ländern und in Amerika erfolgte die Einbürgerung nicht ganz so rasch und total, obgleich nach dem Vorschlag der Pariser Akademie, dem sich der Präsident der British Association for the Advancement of Science in seiner Ansprache zur Eröffnung des 66. Kongresses in Liverpool anschloß, von vielen ausländischen Kollegen aufgenommen und propagiert worden war; und zwar sind die Gründe dafür in erster Linie Schwierigkeiten in der Aussprache des deutschen Namens Röntgen.[21]) Doch bereits die Zusammenstellung der 1044 Arbeiten, die allein während des Jahres 1896 in den internationalen wissenschaftlichen Zeitschriften über die Röntgenstrahlen und ihre Anwendungen erschienen[22]), zeigt ein deutliches Übergewicht der Benennung Röntgen'sche oder

19) Mathematisch-naturwissenschaftliche Klasse 105, Nr. 6 (1896).

20) Philip Lenard, der ja zur Entdeckung entscheidend beigetragen hatte und nie so recht einsehen konnte, warum ihm nicht selbst diese Entdeckung bewußt gelungen war, sprach später grundsätzlich von »Hochenergiestrahlung«.

21) So schrieb der Herausgeber des British Medical Journal (1896, S. 678) am 14. März 1896 zu dem Vorschlag, das neue Verfahren »Röntography« zu nennen: »Wir möchten gern den Namen des Entdeckers auf diese Weise durch seines Geistes Kind unsterblich machen; leider aber ist Professor Röntgen nicht in der glücklichen Lage wie Goethe, dem Lord Byron gratulierte zu seinem Namen, weil dieser von der Nachwelt so leicht auszusprechen sei.«

22) Vgl. O. Glasser a.a.O. (Anm. 8), S. 328–367.

Röntgenstrahlen gegenüber X-Strahlen. In den angelsächsischen Ländern hat sich der Name X-Strahlen (x rays) allerdings daneben bis heute erhalten und wieder verstärkt durchgesetzt, obgleich diese Bezeichnung ihrerseits nach 1912 auch ihren Sinn verloren hat.

Bereits am 3. März 1896 hatte die Medizinische Fakultät der Universität Würzburg mit der Verleihung der Würde eines Ehrendoktors der Medizin die große Anzahl der akademischen und wissenschaftlichen Ehrungen begonnen, die Röntgen in den folgenden Jahren zuteil wurden und ihren Höhepunkt 1901 in der Zuerkennung des ersten Nobelpreises für Physik fanden.[23]) Am 16. April verlieh Röntgens Geburtsstadt Lennep ihm das Ehrenbürgerrecht, und zur gleichen Zeit wurde ihm vom Bayerischen Prinzregenten Luitpold der Königlich Bayrische Kronenorden verliehen. Ein Paragraph der Satzungen dieses Ordens besagt, daß die Erteilung des Verdienstordens der bayrischen Krone an Inländer die Verleihung des persönlichen Adels einschließe. »Die Rechte des Adels, worunter insbesondere die Führung eines adeligen Prädikates, können indessen erst nach erlangter Immatrikulation ausgeübt werden. Die Unterlassung eines Immatrikulationsgesuches schließt einen Verzicht auf die Ausübung der Adelsrechte in sich.« Es ist für Röntgens Persönlichkeit und für die Einschätzung der eigenen Verdienste um seine Entdeckung bezeichnend, daß er ein solches Gesuch niemals stellte und den persönlichen Adel ablehnte. Er hat es auch stets abgelehnt, für seine Entdeckung und daraus resultierende Erfindungen irgendwelche Rechte oder Patente zu erwerben.

Die Originalabhandlung Röntgens hatte inzwischen wegen der großen Nachfrage bereits als Broschüre mehrere Auflagen, insgesamt sechs im Laufe des Jahres 1896, erfahren, die von dem Verleger der Sitzungsberichte der Physikalisch-Medizinischen Gesellschaft in Würzburg, der Stahelschen K. Hof- und Universitäts-Buch- und Kunsthandlung Würzburg herausgegeben wurden; die erste trägt noch als Erscheinungsdatum »Ende 1895«. Die fünfte Auflage enthält auf dem Umschlag den Hinweis »Die vorliegende Broschüre erscheint auch in englischer, französischer, italienischer und russischer Sprache«. Eine englische Übersetzung der »vorläufigen Mit-

23) Die Ehrungen sind zusammengestellt bei O. Glasser, a.a.O. (Anm. 8), S. 112-116.

teilung« war bereits am 23. Januar in der Londoner Zeitschrift ›Nature‹ (53, S. 274), am 24. in ‹The Electrician‹ (36, S. 415) und am 14. Februar in der amerikanischen ›Science‹ (3, S. 227) erschienen, eine französische am 8. Februar in ›L'Eclairage Electrique‹ (6, S. 241) und im März im ›Journal de Physique‹ (3, S. 101). – Ein ähnliches erwartungsvolles Echo hatte auch Röntgens »Zweite Mitteilung« bzw. »Fortsetzung«, die er am 9. März 1896 der Physikalisch-Medizinischen Gesellschaft in Würzburg zum Druck in den Sitzungsberichten einreichte und die kurz darauf erschien[24]); ihre Übersetzung wurde mit Ausnahme der ›Nature‹ wieder in denselben Zeitschriften abgedruckt.[25]) Die Stahelsche Buch- und Kunsthandlung war diesesmal vorgewarnt und hatte die Broschüre mit der 2. Mitteilung in genügend großer Auflage gedruckt, so daß von ihr eine zweite Auflage nicht nötig wurde.

Die zweite Mitteilung beginnt mit den Worten: »Da meine Arbeit auf mehrere Wochen unterbrochen werden muß, gestatte ich mir im folgenden einige neue Ergebnisse schon jetzt mitzuteilen.«: Röntgen entzog sich Mitte März durch eine Reise nach Italien den neugierigen Reportern und persönlich vorsprechenden Kollegen; der Publicity war er nicht gewachsen. Es ist schon erstaunlich, daß er trotz dieser Inanspruchnahme und der Lehr- und Prüfungsverpflichtungen überhaupt die Zeit und Muße fand, seine Versuche systematisch fortzusetzen.

Seine Entdeckung wurde inzwischen allerorts weiter untersucht, und es waren insbesondere die Mediziner, die Immer neue diagnostische Erfolge mit dem neuen Röntgen-Photographie-Verfahren zu verzeichnen hatten. Schon frühzeitig – bereits während des Gesprächs Röntgens beim Kaiser – interessierten sich besonders die Militärs für diese Möglichkeit, Steckschüsse und Granatsplitter schnell aufzufinden. Röntgenapparate wurden so schon im Mai 1896 von einem italienischen Arzt auf dem afrikanischen Kriegsschauplatz benutzt, und auch die Engländer verwendeten sie schon 1896 bei ihrer Nilexpedition. Schon bald entstand das Bedürfnis nach

24) W. C. Röntgen: Über eine neue Art von Strahlen (Fortsetzung). In: Sitzungsberichte der Physikalisch-Medizinischen Gesellschaft in Würzburg 138 (1896), S. 11-17.

25) The Electrician 36 (24. April 1896), S. 850; Science 3 (15. Mai 1896), S. 726; L'Eclairage Electrique 7 (23. Mai 1896), S. 354; Journal de Physique 3 (Mai 1896), S. 189.

einer eigenen medizinischen Zeitschrift für Röntgenologie. Im Mai 1896 erschien in London die erste Nummer der ›Archives of Clinical Skiagraphy‹, herausgegeben von Sydney Rowland, »A series of collotype illustrations with descriptive text, illustrating applications of the new photography to medicine and surgery«, die dann vom folgenden Jahr an, von W. S. Hedley und S. Rowland herausgegeben, unter dem Titel ›Archives of the Röntgen Ray‹ stark erweitert wurden. Etwa zur selben Zeit begannen in Deutschland die ›Fortschritte auf dem Gebiete der Röntgenstrahlen‹ und in Amerika das ›American X-Ray Journal‹ zu erscheinen; denen bald auf der ganzen Welt weitere folgten.

Inzwischen hatte die anfängliche Begeisterung auch einige Dämpfer erfahren. Mancher bangte um die menschliche Intimsphäre, da die Strahlen alles durchdringen sollten. Spott und Satire nahmen sich dieser Sache an. Aber auch bei der medizinischen Anwendung zeigten sich bei intensiver Verwendung der Strahlen Verbrennungen und andere Schäden, deren Ursache aber bald erkannt und abgestellt werden konnten und dann ihrerseits neue therapeutische Methoden zur Tumorbehandlung eröffneten. So haben sich sehr schnell noch im Laufe des Jahres 1896 die prinzipiellen Möglichkeiten der diagnostischen und therapeutischen Anwendungen der Röntgenstrahlen entwickelt, die seitdem durch technische Verfeinerungen der Apparaturen – auch aufgrund der physikalischen Erkenntnis der Natur der Strahlen seit Max von Laue (1912) – ausgebaut und erweitert wurden. Es gibt wohl keine physikalische Entdeckung, deren Anwendung so schnell so weite Bereiche und eine so intensive Nutzung erfahren hat.

Röntgen selbst ließ seinen beiden ersten Mitteilungen noch eine dritte Abhandlung mit dem Titel »Weitere Beobachtungen über die Eigenschaften der X-Strahlen« folgen, die im März des Jahres 1897 in den Mathematischen und naturwissenschaftlichen Mitteilungen aus den Sitzungsberichten der Preußischen Akademie der Wissenschaften[26]) erschien und den Abschluß seiner Untersuchungen der neuen Strahlen darstellt. Alle drei Abhandlungen wurden dann im folgenden Jahr als Titelbeitrag zusammen noch einmal in den Anna-

26) Physikalisch-mathematische Klasse 1897, S. 392ff.

len der Physik und Chemie (NF 64/1898, S. 1ff., 12ff., 18ff.) abgedruckt. Eine weitere Sonderausgabe aller drei Abhandlungen wurde von der Physikalisch-Medizinischen Gesellschaft in Würzburg aus Anlaß des 70. Geburtstages von Röntgen herausgegeben[27]). Diese Buchausgabe wurde dem folgenden Abdruck zugrundegelegt.

Ergänzt wird dieser Textabdruck durch den biographischen Essay Walther Gerlachs, der erstmals in der Enzyklopädie ›Die Großen der Weltgeschichte‹[28]) erschienen ist. Verlag und Herausgeber sind dem Nestor der deutschen Physik für die Bereitwilligkeit dankbar, mit der er einer Veröffentlichung innerhalb der Reihe ›Naturwissenschaftliche Texte bei Kindler‹ zugestimmt hat. Wer hätte die Einordnung der Röntgenschen Entdeckung in die Geschichte der neueren Physik und ihrer Rolle für deren Entwicklung auch besser darstellen können als Walther Gerlach, der den Münchner Lehrstuhl Röntgens selbst seit 1929 innehatte und somit gleichsam in Röntgen'scher Atmosphäre gewirkt hat und darüberhinaus nicht nur an der Weiterbildung der von Röntgen aufgewiesenen Wege der neuen Physik maßgeblich mitgearbeitet, sondern in zahlreichen Arbeiten auch sein großes und sachkundiges Einfühlungsvermögen in die Fach- und Kulturgeschichte der Physik bezeugt hat.

FRITZ KRAFFT

27) W.C. Röntgens Grundlegende Abhandlungen über die X-Strahlen.

28) W. Gerlach: Wilhelm Conrad Röntgen. In: Die Großen der Weltgeschichte, herausgegeben von Kurt Fassmann, unter Mitwirkung von Max Bill u. a. Bd. IX: Röntgen bis Churchill. Zürich 1970, S. 34–65.

Sr. Exzellenz
Herrn Geheimrat Röntgen, München

Euer Exzellenz

erlaubt sich die Physikalisch-Medizinische Gesellschaft in Würzburg die aufrichtigsten und herzlichsten Glückwünsche zum siebzigsten Geburtstag zu senden.

Vielen unserer Mitglieder ist es vergönnt, sich noch der schönen Zeit zu erinnern, in welcher Sie an unseren Sitzungen teilnahmen und die wissenschaftlichen Bestrebungen der Gesellschaft förderten. Vielen von uns sind auch jene denkwürdigen Abende noch in frischem Gedächtnis, an welchen Sie zum erstenmal Ihre bahnbrechende, die theoretische Wissenschaft, die praktische Medizin und das gesamte Leben der Menschen in gleichem Maße fördernde Entdeckung der nach Ihnen benannten Strahlen mitgeteilt haben. Und wiewohl in unserer seit dem Jahre 1849 bestehenden Gesellschaft viele neue wertvolle Ergebnisse der Wissenschaft vorgetragen und diskutiert wurden, so betrachten wir doch jene denkwürdigen Sitzungen als den Höhepunkt der Leistungen, auf die unsere Gesellschaft hinzuweisen hat.

Unter diesen Umständen glauben wir, daß wir Euer Exzellenz zum siebzigsten Geburtstag keine größere Ehrung darbringen können, als wenn wir die drei klassischen Aufsätze, in welchen Sie die Grundlagen Ihrer Entdeckung behandelt haben, dem gesamten deutschen Volke und der gesamten wissenschaftlich interessierten Welt leicht zugänglich machen. Wir haben uns daher mit Ihrer Genehmigung entschlossen, eine Ausgabe der genannten hervorragenden Arbeiten zu veranstalten. Gleichzeitig lassen wir Ihnen einige Exemplare in schönerer Ausstattung zugehen.

Würzburg, im März 1915.
Die Physikalisch-Medizinische Gesellschaft in Würzburg

Über eine neue Art von Strahlen

(vorläufige Mitteilung)

1. Läßt man durch eine *Hittorf*sche Vakuumröhre, oder einen genügend evakuierten *Lenard*schen, *Crookes*schen oder ähnlichen Apparat die Entladungen eines größeren *Ruhmkorffs* gehen und bedeckt die Röhre mit einem ziemlich eng anliegenden Mantel aus dünnem, schwarzem Karton, so sieht man in dem vollständig verdunkelten Zimmer einen in die Nähe des Apparates gebrachten, mit Bariumplatinzyanür angestrichenen Papierschirm bei jeder Entladung hell aufleuchten, fluoreszieren, gleichgültig ob die angestrichene oder die andere Seite des Schirmes dem Entladungsapparat zugewendet ist. Die Fluoreszenz ist noch in 2 m Entfernung vom Apparat bemerkbar.

Man überzeugt sich leicht, daß die Ursache der Fluoreszenz vom Entladungsapparat und von keiner anderen Stelle der Leitung ausgeht.

2. Das an dieser Erscheinung zunächst Auffallende ist, daß durch die schwarze Kartonhülse, welche keine sichtbaren oder ultravioletten Strahlen des Sonnen- oder des elektrischen Bogenlichtes durchläßt, ein Agens hindurchgeht, das imstande ist, lebhafte Fluoreszenz zu erzeugen, und man wird deshalb wohl zuerst untersuchen, ob auch andere Körper diese Eigenschaft besitzen.

Man findet bald, daß alle Körper für dasselbe durchlässig sind, aber in sehr verschiedenem Grade. Einige Beispiele führe ich an. Papier ist sehr durchlässig[1]): hinter einem eingebundenen Buch von ca. 1000 Seiten sah ich den Fluoreszenzschirm noch deutlich leuchten; die Druckerschwärze bietet kein merkliches Hindernis. Ebenso zeigte sich Fluoreszenz hinter einem doppelten Whistspiel; eine einzelne Karte zwischen Apparat und Schirm gehalten macht sich dem Auge fast gar nicht bemerkbar. – Auch ein einfaches Blatt Stanniol ist kaum wahrzunehmen; erst nachdem mehrere Lagen übereinander gelegt sind, sieht man ihren Schatten deutlich auf dem Schirm.

[1]) Mit »Durchlässigkeit« eines Körpers bezeichne ich das Verhältnis der Helligkeit eines dicht hinter dem Körper gehaltenen Fluoreszenzschirmes zu derjenigen Helligkeit des Schirmes, welcher dieser unter denselben Verhältnissen aber ohne Zwischenschaltung des Körpers zeigt.

– Dicke Holzblöcke sind noch durchlässig; 2–3 cm dicke Bretter aus Tannenholz absorbieren nur sehr wenig. – Eine ca. 15 mm dicke Aluminiumschicht schwächte die Wirkung recht beträchtlich, war aber nicht imstande, die Fluoreszenz ganz zum Verschwinden zu bringen. – Mehrere zentimeterdicke Hartgummischeiben lassen noch Strahlen[2]) hindurch. – Glasplatten gleicher Dicke verhalten sich verschieden, je nachdem sie bleihaltig sind (Flintglas) oder nicht; erstere sind viel weniger durchlässig als letztere. – Hält man die Hand zwischen den Entladungsapparat und den Schirm, so sieht man die dunkleren Schatten der Handknochen in dem nur wenig dunklen Schattenbild der Hand. – Wasser, Schwefelkohlenstoff und verschiedene andere Flüssigkeiten erweisen sich in Glimmergefäßen untersucht als sehr durchlässig. – Daß Wasserstoff wesentlich durchlässiger wäre als Luft habe ich nicht finden können. – Hinter Platten aus Kupfer, resp. Silber, Blei, Gold, Platin ist die Fluoreszenz noch deutlich zu erkennen, doch nur dann, wenn die Plattendicke nicht zu bedeutend ist. Platin von 0,2 mm Dicke ist noch durchlässig; die Silber- und Kupferplatten können schon stärker sein. Blei in 1,5 mm Dicke ist so gut wie undurchlässig und wurde deshalb häufig wegen dieser Eigenschaft verwendet. – Ein Holzstab mit quadratischem Querschnitt (20 × 20 mm), dessen eine Seite mit Bleifarbe weiß angestrichen ist, verhält sich verschieden, je nachdem er zwischen Apparat und Schirm gehalten wird; fast vollständig wirkungslos, wenn die X-Strahlen parallel der angestrichenen Seite durchgehen, entwirft der Stab einen dunklen Schatten, wenn die Strahlen die Anstrichfarbe durchsetzen müssen. – In eine ähnliche Reihe, wie die Metalle, lassen sich ihre Salze, fest oder in Lösung, in bezug auf ihre Durchlässigkeit ordnen.

3. Die angeführten Versuchsergebnisse und andere führen zu der Folgerung, daß die Durchlässigkeit der verschiedenen Substanzen, gleiche Schichtendicke vorausgesetzt, wesentlich bedingt ist durch ihre Dichte: keine andere Eigenschaft macht sich wenigstens in so hohem Grade bemerkbar als diese.

Daß aber die Dichte doch nicht ganz allein maßgebend ist, das beweisen folgende Versuche. Ich untersuchte auf ihre Durchlässig-

[2]) Der Kürze halber möchte ich den Ausdruck »Strahlen« und zwar zur Unterscheidung von anderen den Namen »X-Strahlen« gebrauchen. Vgl. u. pag. 34.

keit nahezu gleichdicke Platten aus Glas, Aluminium Kalkspat und Quarz; die Dichte dieser Substanzen stellte sich als ungefähr gleich heraus, und doch zeigte sich ganz evident, daß der Kalkspat beträchtlich weniger durchlässig ist als die übrigen Körper, die sich untereinander ziemlich gleich verhielten. Eine besonders starke Fluoreszenz des Kalkspates namentlich im Vergleich zum Glas habe ich nicht bemerkt.

4. Mit zunehmender Dicke werden alle Körper weniger durchlässig. Um vielleicht eine Beziehung zwischen Durchlässigkeit und Schichtendicke finden zu können, habe ich photographische Aufnahmen (vgl. u. pag. 30) gemacht, bei denen die photographische Platte zum Teil bedeckt war mit Stanniolschichten von stufenweise zunehmender Blätterzahl; eine photometrische Messung soll vorgenommen werden, wenn ich im Besitz eines geeigneten Photometers bin.

5. Aus Platin, Blei, Zink und Aluminium wurden durch Auswalzen Bleche von einer solchen Dicke hergestellt, daß alle nahezu gleich durchlässig erschienen. Die folgende Tabelle enthält die gemessene Dicke in Milimetern, die relative Dicke bezogen auf die des Platinbleches und die Dichte,

	Dicke		relat. Dicke	Dichte
Pt.	0,018	mm	1	21,5
Pb.	0,05	"	3	11,3
Zn.	0,10	"	6	7,1
Al.	3,5	"	200	2,6

Aus diesen Werten ist zu entnehmen, daß keineswegs gleiche Durchlässigkeit verschiedener Metalle vorhanden ist, wenn das Produkt aus Dicke und Dichte gleich ist. Die Durchlässigkeit nimmt in viel stärkerem Maße zu, als jenes Produkt abnimmt.

6. Die Fluoreszenz des Bariumplatinzyanürs ist nicht die einzige erkennbare Wirkung der X-Strahlen. Zunächst ist zu erwähnen, daß auch andere Körper fluoreszieren; so z.B. die als Phosphore bekannten Kalziumverbindungen, dann Uranglas, gewöhnliches Glas, Kalkspat, Steinsalz etc.

Von besonderer Bedeutung in mancher Hinsicht ist die Tatsache, daß photographische Trockenplatten sich als empfindlich für die X-Strahlen erwiesen haben. Man ist imstande, manche Erscheinung zu fixieren, wodurch Täuschungen leichter ausgeschlossen werden; und ich habe, wo es irgend anging, jede wichtigere Beobachtung, die ich mit dem Auge am Fluoreszenzschirm machte, durch eine photographische Aufnahme kontrolliert.

Dabei kommt die Eigenschaft der Strahlen, fast ungehindert durch dünnere Holz-, Papier- und Stanniolschichten hindurchgehen zu können, sehr zu statten; man kann die Aufnahmen mit der in der Kasette, oder in einer Papierumhüllung eingeschlossenen photographischen Platte im beleuchteten Zimmer machen. Andererseits hat diese Eigenschaft auch zur Folge, daß man unentwickelte Platten nicht bloß durch die gebräuchliche Hülle aus Pappendeckel und Papier geschützt längere Zeit in der Nähe des Entladungsapparates liegen lassen darf.

Fraglich erscheint es noch, ob die chemische Wirkung auf die Silbersalze der photographischen Platte direkt von den X-Strahlen ausgeübt wird. Möglich ist es, daß diese Wirkung herrührt von dem Fluoreszenzlicht, das, wie oben angegeben, in der Glasplatte, oder vielleicht in der Gelatineschicht erzeugt wird. »Films« können übrigens ebenso gut wie Glasplatten verwendet werden.

Daß die X-Strahlen auch eine Wärmewirkung auszuüben imstande sind, habe ich noch nicht experimentell nachgewiesen; doch darf man wohl diese Eigenschaft als vorhanden annehmen, nachdem durch die Fluoreszenzerscheinungen die Fähigkeit der X-Strahlen, verwandelt zu werden, nachgewiesen ist, und es sicher ist, daß nicht alle auffallenden X-Strahlen den Körper als solche wieder verlassen.

Die Retina des Auges ist für unsere Strahlen unempfindlich; das dicht an den Entladungsapparat herangebrachte Auge bemerkt nichts, wiewohl nach den gemachten Erfahrungen die im Auge enthaltenen Medien für die Strahlen durchlässig genug sein müssen.

7. Nachdem ich die Durchlässigkeit verschiedener Körper von relativ großer Dicke erkannt hatte, beeilte ich mich, zu erfahren, wie sich die X-Strahlen beim Durchgang durch ein Prisma verhalten, ob sie darin abgelenkt werden oder nicht. Versuche mit Wasser und Schwefelkohlenstoff in Glimmerprismen von ca. 30° brechendem Winkel haben gar keine Ablenkung erkennen lassen weder am

Fluoreszenzschirm, noch an der photographischen Platte. Zum Vergleich wurde unter denselben Verhältnissen die Ablenkung von Lichtstrahlen beobachtet; die abgelenkten Bilder lagen auf der Platte um ca. 10 mm resp. ca. 20 mm von dem nicht abgelenkten entfernt. – Mit einem Hartgummi- und einem Aluminiumprisma von ebenfalls ca. 30° brechendem Winkel habe ich auf der photographischen Platte Bilder bekommen, an denen man vielleicht eine Ablenkung erkennen kann. Doch ist die Sache sehr unsicher, und die Ablenkung ist, wenn überhaupt vorhanden, jedenfalls so klein, daß der Brechungsexponent der X-Strahlen in den genannten Substanzen höchstens 1,05 sein könnte. Mit dem Fluoreszenzschirm habe ich auch in diesem Fall keine Ablenkung beobachten können.

Versuche mit Prismen aus dichteren Metallen lieferten bis jetzt wegen der geringen Durchlässigkeit und der infolgedessen geringen Intensität der durchgelassenen Strahlen kein sicheres Resultat.

In Anbetracht dieser Sachlage einerseits und andererseits der Wichtigkeit der Frage, ob die X-Strahlen beim Übergang von einem Medium zum anderen gebrochen werden können oder nicht, ist es sehr erfreulich, daß diese Frage noch in anderer Weise untersucht werden kann, als mit Hilfe von Prismen. Fein pulverisierte Körper lassen in genügender Schichtendicke das auffallende Licht nur wenig und zerstreut hindurch infolge von Brechung und Reflexion: erweisen sich nun die Pulver für die X-Strahlen gleich durchlässig, wie die kohärente Substanz – gleiche Massen vorausgesetzt – so ist damit nachgewiesen, daß sowohl eine Brechung als auch eine regelmäßige Reflexion nicht in merklichem Betrage vorhanden ist. Die Versuche wurden mit fein pulverisiertem Steinsalz, mit feinem, auf elektrolytischem Wege gewonnenem Silberpulver und dem zu chemischen Untersuchungen vielfach verwandten Zinkstaub angestellt; es ergab sich in allen Fällen kein Unterschied in der Durchlässigkeit der Pulver und der kohärenten Substanz, sowohl bei der Beobachtung am Fluoreszenzschirm, als auch auf der photographischen Platte.

Daß man mit Linsen die X-Strahlen nicht konzentrieren kann, ist nach dem Mitgeteilten selbstverständlich; eine große Hartgummilinse und eine Glaslinse erwiesen sich in der Tat als wirkungslos. Das Schattenbild eines runden Stabes ist in der Mitte dunkler als am Rande; dasjenige einer Röhre, die mit einer Substanz gefüllt ist, die durchlässiger ist als das Material der Röhre, ist in der Mitte heller als am Rande.

8. Die Frage nach der Reflexion der X-Strahlen ist durch die Versuche des vorigen Paragraphen als in dem Sinne erledigt zu betrachten, daß eine merkliche regelmäßige Zurückwerfung der Strahlen an keiner der untersuchten Substanzen stattfindet. Andere Versuche, die ich hier übergehen will, führen zu demselben Resultat.

Indessen ist eine Beobachtung zu erwähnen, die auf den ersten Blick das Gegenteil zu ergeben scheint. Ich exponierte eine durch schwarzes Papier gegen Lichtstrahlen geschützte photographische Platte, mit der Glasseite dem Entladungsapparat zugewendet, den X-Strahlen; die empfindliche Schicht war bis auf einen frei bleibenden Teil mit blanken Platten aus Platin, Blei, Zink und Aluminium in sternförmiger Anordnung bedeckt. Auf dem entwickelten Negativ ist deutlich zu erkennen, daß die Schwärzung unter dem Platin, dem Blei und besonders unter dem Zink stärker ist als an den anderen Stellen; das Aluminium hatte gar keine Wirkung ausgeübt. Es scheint somit, daß die drei genannten Metalle die Strahlen reflektieren; indessen wären noch andere Ursachen für die stärkere Schwärzung denkbar, und um sicher zu gehen, legte ich bei einem zweiten Versuch zwischen die empfindliche Schicht und die Metallplatten ein Stück dünnes Blattaluminium, welches für ultraviolette Strahlen undurchlässig, dagegen für die X-Strahlen sehr durchlässig ist. Da auch jetzt wieder im wesentlichen dasselbe Resultat erhalten wurde, so ist eine Reflexion von X-Strahlen an den genannten Metallen nachgewiesen.

Hält man diese Tatsache zusammen mit der Beobachtung, daß Pulver ebenso durchlässig sind, wie kohärente Körper, daß weiter Körper mit rauher Oberfläche sich beim Durchgang der X-Strahlen, wie auch bei dem zuletzt beschriebenen Versuch ganz gleich wie polierte Körper verhalten, so kommt man zu der Anschauung, daß zwar eine regelmäßige Reflexion, wie gesagt, nicht stattfindet, daß aber die Körper sich den X-Strahlen gegenüber ähnlich verhalten, wie die trüben Medien dem Licht gegenüber.

Da ich auch keine Brechung beim Übergang von einem Medium zum anderen nachweisen konnte, so hat es den Anschein, als ob die X-Strahlen sich mit gleicher Geschwindigkeit in allen Körpern bewegen, und zwar in einem Medium, das überall vorhanden ist, und in welchem die Körperteilchen eingebettet sind. Die letzteren bilden für die Ausbreitung der X-Strahlen ein Hindernis und zwar im allgemeinen ein desto größeres, je dichter der betreffende Körper ist.

9. Demnach wäre es möglich, daß auch die Anordnung der Teilchen im Körper auf die Durchlässigkeit desselben einen Einfluß ausübte, daß z. B. ein Stück Kalkspat bei gleicher Dicke verschieden durchlässig wäre, wenn dasselbe in der Richtung der Achse oder senkrecht dazu durchstrahlt wird. Versuche mit Kalkspat und Quarz haben aber ein negatives Resultat ergeben.

10. Bekanntlich ist *Lenard* bei seinen schönen Versuchen über die von einem dünnen Aluminiumplättchen hindurchgelassenen *Hittorf*schen Kathodenstrahlen zu dem Resultat gekommen, daß die Strahlen Vorgänge im Äther sind, und daß sie in allen Körpern diffus verlaufen. Von unseren Strahlen haben wir Ähnliches aussagen können.

In seiner letzten Arbeit hat *Lenard* das Absorptionsvermögen verschiedener Körper für die Kathodenstrahlen bestimmt und dasselbe u. a. für Luft von Atmosphärendruck zu 4,10, 3,40, 3,10 auf 1 cm bezogen gefunden, je nach der Verdünnung des im Entladungsapparat enthaltenen Gases. Nach der aus der Funkenstrecke geschätzten Entladungsspannung zu urteilen, habe ich es bei meinen Versuchen meistens mit ungefähr gleichgroßen und nur selten mit geringeren und größeren Verdünnungen zu tun gehabt. Es gelang mir mit dem *L. Weber*schen Photometer – ein besseres besitze ich nicht – in atmosphärischer Luft die Intensitäten des Fluoreszenzlichtes meines Schirmes in zwei Abständen – ca. 100 resp. 200 mm – vom Entladungsapparat mit einander zu vergleichen, und ich fand aus drei recht gut miteinander übereinstimmenden Versuchen, daß dieselben sich umgekehrt wie die Quadrate der resp. Entfernungen des Schirmes vom Entladungsapparat verhalten. Demnach hält die Luft von den hindurchgehenden X-Strahlen einen viel kleineren Bruchteil zurück als von den Kathodenstrahlen. Dieses Resultat ist auch ganz in Übereinstimmung mit der oben erwähnten Beobachtung, daß das Fluoreszenzlicht noch in 2 m Distanz vom Entladungsapparat wahrzunehmen ist.

Ähnlich wie Luft verhalten sich im allgemeinen die anderen Körper: sie sind für die X-Strahlen durchlässiger als für die Kathodenstrahlen.

11. Eine weitere sehr bemerkenswerte Verschiedenheit in dem Verhalten der Kathodenstrahlen und der X-Strahlen liegt in der Tatsache, daß es mir trotz vieler Bemühungen nicht gelungen ist, auch in sehr kräftigen magnetischen Feldern eine Ablenkung der X-Strahlen durch den Magnet zu erhalten.

Die Ablenkbarkeit durch den Magnet gilt aber bis jetzt als ein charakteristisches Merkmal der Kathodenstrahlen; wohl ward von *Hertz* und *Lenard* beobachtet, daß es verschiedene Arten von Kathodenstrahlen gibt, die sich durch »ihre Phosphoreszenzerzeugung, Absorbierbarkeit und Ablenkbarkeit durch den Magnet voneinander unterscheiden«, aber eine beträchtliche Ablenkung wurde doch in allen von ihnen untersuchten Fällen wahrgenommen, und ich glaube nicht, daß man dieses Charakteristikum ohne zwingenden Grund aufgeben wird.

12. Nach besonders zu diesem Zweck angestellten Versuchen ist es sicher, daß die Stelle der Wand des Entladungsapparates, die am stärksten fluoresziert, als Hauptausgangspunkt der nach allen Richtungen sich ausbreitenden X-Strahlen zu betrachten ist. Die X-Strahlen gehen somit von der Stelle aus, wo nach den Angaben verschiedener Forscher die Kathodenstrahlen die Glaswand treffen. Lenkt man die Kathodenstrahlen innerhalb des Entladungsapparates durch einen Magnet ab, so sieht man, daß auch die X-Strahlen von einer anderen Stelle, d.h. wieder von dem Endpunkte der Kathodenstrahlen ausgehen.

Auch aus diesem Grund können die X-Strahlen, die nicht ablenkbar sind, nicht einfach unverändert von der Glaswand hindurchgelassene resp. reflektierte Kathodenstrahlen sein. Die größere Dichte des Glases außerhalb des Entladungsgefäßes kann ja nach *Lenard* für die große Verschiedenheit der Ablenkbarkeit nicht verantwortlich gemacht werden.

Ich komme deshalb zu dem Resultat, daß die X-Strahlen nicht identisch sind mit den Kathodenstrahlen, daß sie aber von den Kathodenstrahlen in der Glaswand des Entladungsapparates erzeugt werden.

13. Diese Erzeugung findet nicht nur in Glas statt, sondern, wie ich an einem mit 2 mm starkem Aluminiumblech abgeschlossenen Apparat beobachten konnte, auch in diesem Metall. Andere Substanzen sollen später untersucht werden.

14. Die Berechtigung, für das von der Wand des Entlassungsapparates ausgehende Agens den Namen »Strahlen« zu verwenden, leite ich zum Teil von der ganz regelmäßigen Schattenbildung her, die sich zeigt, wenn man zwischen den Apparat und den fluoreszierenden Schirm (oder die photographische Platte) mehr oder weniger durchlässige Körper bringt.

Viele derartige Schattenbilder, deren Erzeugung mitunter einen ganz besonderen Reiz bietet, habe ich beobachtet und teilweise auch photographisch aufgenommen; so besitze ich z.B. Photographien von den Schatten der Profile einer Türe, welche die Zimmer trennt, in welchen einerseits der Entladungsapparat, andererseits die photographische Platte aufgestellt waren; von den Schatten der Handknochen; von dem Schatten eines auf einer Holzspule versteckt aufgewickelten Drahtes; eines in einem Kästchen eingeschlossenen Gewichtssatzes; einer Bussole, bei welcher die Magnetnadel ganz von Metall eingeschlossen ist; eines Metallstückes, dessen Inhomogenität durch die X-Strahlen bemerkbar wird; etc.

Für die geradlinige Ausbreitung der X-Strahlen beweisend ist weiter eine Lochphotographie, die ich von dem mit schwarzem Papier eingehüllten Entladungsapparat habe machen können; das Bild ist schwach aber unverkennbar richtig.

15. Nach Interferenzerscheinungen der X-Strahlen habe ich viel gesucht, aber leider, vielleicht nur infolge der geringen Intensität derselben, ohne Erfolg.

16. Versuche, um zu konstatieren, ob elektrostatische Kräfte in irgend einer Weise die X-Strahlen beeinflussen können, sind zwar angefangen, aber noch nicht abgeschlossen.

17. Legt man sich die Frage vor, was denn die X-Strahlen, – die keine Kathodenstrahlen sein können – eigentlich sind, so wird man vielleicht im ersten Augenblick, verleitet durch ihre lebhaften Fluoreszenz- und chemischen Wirkungen, an ultraviolettes Licht denken.

Indessen stößt man doch sofort auf schwerwiegende Bedenken.

Wenn nämlich die X-Strahlen ultraviolettes Licht sein sollten, so müßte dieses Licht die Eigenschaft haben:

a) daß es beim Übergang aus Luft in Wasser, Schwefelkohlenstoff, Aluminium, Steinsalz, Glas, Zink etc. keine merkliche Brechung erleiden kann;
b) daß es von den genannten Körpern nicht merklich regelmäßig reflektiert werden kann;
c) daß es somit durch die sonst gebräuchlichen Mittel nicht polarisiert werden kann;
d) daß die Absorption desselben von keiner anderen Eigenschaft der Körper so beeinflußt wird als von ihrer Dichte.

Das heißt, man müßte annehmen, daß sich diese ultravioletten Strahlen ganz anders verhalten, als die bisher bekannten ultraroten, sichtbaren und ultravioletten Strahlen.

Dazu habe ich mich nicht entschließen können und nach einer anderen Erklärung gesucht.

Eine Art von Verwandtschaft zwischen den neuen Strahlen und den Lichtstrahlen scheint zu bestehen, wenigstens deutet die Schattenbildung, die Fluoreszenz und die chemische Wirkung, welche bei beiden Strahlenarten vorkommen, darauf hin. Nun weiß man schon seit langer Zeit, daß außer den transversalen Lichtschwingungen auch longitudinale Schwingungen im Äther vorkommen können und nach Ansicht verschiedener Physiker vorkommen müssen. Freilich ist ihre Existenz bis jetzt noch nicht evident nachgewiesen, und sind deshalb ihre Eigenschaften noch nicht experimentell untersucht.

Sollten nun die neuen Strahlen nicht longitudinalen Schwingungen im Äther zuzuschreiben sein?

Ich muß bekennen, daß ich mich im Laufe der Untersuchung immer mehr mit diesem Gedanken vertraut gemacht habe und gestatte mir dann auch diese Vermutung hier auszusprechen, wiewohl ich mir sehr wohl bewußt bin, daß die gegebene Erklärung einer weiteren Begründung noch bedarf.

Würzburg. Physikal. Institut der Universität. Dez. 1895.

Über eine neue Art von Strahlen

(Fortsetzung)

Da meine Arbeit auf mehrere Wochen unterbrochen werden muß, gestatte ich mir im folgenden einige neue Ergebnisse schon jetzt mitzuteilen.

18. Zur Zeit meiner ersten Publikation war mir bekannt, daß die X-Strahlen imstande sind, elektrische Körper zu entladen, und ich vermute, daß es auch die X-Strahlen und nicht die von dem Aluminiumfenster seines Apparates unverändert durchgelassenen Kathodenstrahlen gewesen sind, welche die von *Lenard* beschriebene Wirkung auf entfernte elektrische Körper ausgeübt haben. Mit der Veröffentlichung meiner Versuche habe ich aber gewartet, bis ich in der Lage war, einwurfsfreie Resultate mitzuteilen.

Solche lassen sich wohl nur dann erhalten, wenn man die Beobachtung in einem Raum anstellt, der nicht nur vollständig gegen die von der Vakuumröhre, den Zuleitungsdrähten, dem Induktionsapparat etc. ausgehenden elektrostatischen Kräfte geschützt ist, sondern der auch gegen Luft abgeschlossen ist, welche aus der Nähe des Entladungsapparates kommt.

Ich ließ mir zu diesem Zweck aus zusammengelöteten Zinkblechen einen Kasten anfertigen, der groß genug ist, um mich und die nötigen Apparate aufzunehmen, und der bis auf eine durch eine Zinktüre verschließbare Öffnung überall luftdicht verschlossen ist. Die der Türe gegenüberliegende Wand ist zu einem großen Teil mit Blei belegt; an einer dem außerhalb des Kastens aufgestellten Entladungsapparat nahe gelegenen Stelle wurde die Zinkwand mit der darüber gelegten Bleiplatte in einer Weite von 4 cm ausgeschnitten, und die Öffnung ist mit einem dünnen Aluminiumblech wieder luftdicht verschlossen. Durch dieses Fenster können die X-Strahlen in den Beobachtungskasten eindringen.

Ich habe nun folgendes wahrgenommen:

a) In der Luft aufgestellte, positiv oder negativ elektrisch geladene Körper werden, wenn sie mit X-Strahlen bestrahlt werden, entladen und zwar desto rascher, je intensiver die Strahlen sind. Die Intensität der Strahlen wurde nach ihrer Wirkung auf einen

Fluoreszenzschirm oder auf eine photographische Platte beurteilt.

Es ist im allgemeinen gleichgültig, ob die elektrischen Körper Leiter oder Isolatoren sind. Bis jetzt habe ich auch keinen spezifischen Unterschied in dem Verhalten der verschiedenen Körper bezüglich der Geschwindigkeit der Entladung gefunden; ebensowenig in dem Verhalten von positiver und negativer Elektrizität. Doch ist es nicht ausgeschlossen, daß geringe Unterschiede bestehen.

b) Ist ein elektrisierter Leiter nicht von Luft, sondern von einem festen Isolator, z. B. Paraffin umgeben, so bewirkt die Bestrahlung dasselbe, wie das Bestreichen der isolierenden Hülle mit einer zur Erde abgeleiteten Flamme.

c) Ist diese isolierende Hülle von einem eng anliegenden, zur Erde abgeleiteten Leiter umschlossen, welcher wie der Isolator für X-Strahlen durchlässig sein soll, so übt die Bestrahlung auf den inneren, elektrisierten Leiter keine mit meinen Hilfsmitteln nachweisbare Wirkung aus.

d) Die unter a, b, c mitgeteilten Beobachtungen deuten darauf hin, daß die von den X-Strahlen bestrahlte Luft die Eigenschaft erhalten hat, elektrische Körper, mit denen sie in Berührung kommt, zu entladen.

e) Wenn sich die Sache wirklich so verhält, und wenn außerdem die Luft diese Eigenschaft noch einige Zeit behält, nachdem sie den X-Strahlen ausgesetzt war, so muß es möglich sein, elektrische Körper, welche selbst nicht von den X-Strahlen getroffen werden, dadurch zu entladen, daß man ihnen bestrahlte Luft zuführt.

In verschiedener Weise kann man sich davon überzeugen, daß diese Folgerung in der Tat zutrifft. Eine, wenn auch nicht die einfachste, Versuchsanordnung möchte ich mitteilen.

Ich benutzte eine 3 cm weite, 45 cm lange Messingröhre; in einigen Zentimetern Entfernung von dem einen Ende ist ein Teil der Röhrenwand weggeschnitten und durch ein dünnes Aluminiumblech ersetzt; am anderen Ende ist unter luftdichtem Abschluß eine an einer Metallstange befestigte Messingkugel isoliert in die Röhre eingeführt. Zwischen der Kugel und dem verschlossenen Ende der Röhre ist ein Seitenröhrchen angelötet, das mit einer Saugvorrichtung in Verbindung gesetzt werden kann; wenn gesaugt wird, so wird die Messingkugel umspült von Luft, die auf ihrem Wege durch die Röhre an dem Aluminiumfenster vorüber gegangen ist. Die Entfernung vom Fenster bis zur Kugel beträgt über 20 cm.

Diese Röhre stellte ich im Zinkkasten so auf, daß die X-Strahlen durch das Aluminiumfenster der Röhre, senkrecht zur Achse derselben eintreten konnten, die isolierte Kugel lag dann außerhalb des Bereiches dieser Strahlen, im Schatten. Die Röhre und der Zinkkasten waren leitend miteinander, die Kugel mit einem Hankelschen Elektroskop verbunden.

Es zeigte sich nun, daß eine der Kugel mitgeteilte Ladung (positive oder negative) von den X-Strahlen nicht beeinflußt wurde, so lange die Luft in der Röhre in Ruhe blieb, daß die Ladung aber sofort beträchtlich abnahm, wenn durch kräftiges Saugen bestrahlte Luft der Kugel zugeführt wurde. Erhielt die Kugel durch Verbindung mit Akkumulatoren ein konstantes Potential, und wurde fortwährend bestrahlte Luft durch die Röhre gesaugt, so entstand ein elektrischer Strom, wie wenn die Kugel mit der Röhrenwand durch einen schlechten Leiter verbunden gewesen wäre.

f) Es fragt sich, in welcher Weise die Luft die ihr von den X-Strahlen mitgeteilte Eigenschaft wieder verlieren kann. Ob sie sie von selbst, d.h. ohne mit anderen Körpern in Berührung zu kommen, mit der Zeit verliert, ist noch unentschieden. Sicher dagegen ist es, daß eine kurz dauernde Berührung mit einem Körper von großer Oberfläche, der nicht elektrisch zu sein braucht, die Luft unwirksam machen kann. Schiebt man z.B. einen genügend dicken Pfropf aus Watte in die Röhre so weit ein, daß die bestrahlte Luft die Watte durchstreichen muß, bevor sie zu der elektrischen Kugel gelangt, so bleibt die Ladung der Kugel auch beim Saugen unverändert.

Sitzt der Pfropf an einer Stelle, die vor dem Aluminiumfenster liegt, so erhält man dasselbe Resultat wie ohne Watte: ein Beweis, daß nicht etwa Staubteilchen die Ursache der beobachteten Entladung sind. Drahtgitter wirken ähnlich wie Watte; doch muß das Gitter sehr eng sein, und viele Lagen müssen übereinander gelegt werden, wenn die durchgestrichene, bestrahlte Luft unwirksam sein soll. Sind diese Gitter nicht, wie bisher angenommen, zur Erde abgeleitet, sondern mit einer Elektrizitätsquelle von konstantem Potential verbunden, so habe ich immer das beobachtet, was ich erwartet hatte; doch sind diese Versuche noch nicht abgeschlossen.

g) Befinden sich die elektrischen Körper statt in Luft in trockenem Wasserstoff, so werden sie ebenfalls durch die X-Strahlen entladen. Die Entladung in Wasserstoff schien mir etwas langsamer zu verlaufen, doch ist diese Angabe noch unsicher wegen der Schwierigkeit, bei aufeinander folgenden Versuchen gleiche Intensität der X-Strahlen zu erhalten.

Die Art und Weise der Füllung der Apparate mit Wasserstoff dürfte die Möglichkeit ausschließen, daß die anfänglich auf der Oberfläche der Körper vorhandene verdichtete Luftschicht bei der Entladung eine wesentliche Rolle gespielt hätte.

h) In stark evakuierten Räumen findet die Entladung eines direkt von den X-Strahlen getroffenen Körpers viel langsamer – in einem Fall z.B. ca. 70mal langsamer – statt, als in denselben Gefäßen, welche mit Luft oder Wasserstoff von Atmosphärendruck gefüllt sind.

i) Versuche über das Verhalten einer Mischung von Chlor und Wasserstoff unter dem Einfluß der X-Strahlen sind in Angriff genommen.

j) Schließlich möchte ich noch erwähnen, daß die Resultate von Untersuchungen über die entladende Wirkung der X-Strahlen, bei welchen der Einfluß des umgebenden Gases unberücksichtigt blieb, vielfach mit Vorsicht aufzunehmen sind.

19. In manchen Fällen ist es vorteilhaft, zwischen den die X-Strahlen liefernden Entladungsapparat und den *Ruhmkorff* einen *Tesla*schen Apparat (Kondensator und Transformator) einzuschalten. Diese Anordnung hat folgende Vorzüge: erstens werden die Entladungsapparate weniger leicht durchschlagen und weniger warm; zweitens hält sich das Vakuum, wenigstens bei meinen selbstangefertigten Apparaten, längere Zeit, und drittens liefern manche Apparate intensivere X-Strahlen. Bei Apparaten, die zu wenig oder zu stark evakuiert waren, um mit dem *Ruhmkorff* allein gut zu funktionieren, leistete die Anwendung des *Tesla*schen Transformators gute Dienste.

Es liegt die Frage nahe – und ich gestatte mir deshalb sie zu erwähnen, ohne zu ihrer Beantwortung vorläufig etwas beitragen zu können – ob auch durch eine kontinuierliche Entladung mit konstant bleibendem Entladungspotential X-Strahlen erzeugt werden können; oder ob nicht vielmehr Schwankungen dieses Potentials zum Entstehen derselben durchaus erforderlich sind.

20. In § 13 meiner ersten Veröffentlichung ist mitgeteilt, daß die X-Strahlen nicht bloß in Glas sondern auch in Aluminium entstehen können. Bei der Fortsetzung der Untersuchung nach dieser Richtung hin hat sich kein fester Körper ergeben, welcher nicht imstande wäre, unter dem Einfluß der Kathodenstrahlen X-Strahlen zu erzeugen. Es ist mir auch kein Grund bekannt geworden, weshalb sich flüssige und gasförmige Körper nicht ebenso verhalten würden.

Quantitative Unterschiede in dem Verhalten der verschiedenen Körper haben sich dagegen ergeben. Läßt man z.B. die Kathodenstrahlen auf eine Platte fallen, deren eine Hälfte aus einem 0,3 mm dicken Platinblech, deren andere Hälfte aus einem 1 mm dicken Aluminiumblech besteht, so beobachtet man an dem mit der Lochkamera aufgenommenen photographischen Bild dieser Doppelplatte, daß das Platinblech auf der von den Kathodenstrahlen getroffenen (Vorder-)Seite viel mehr X-Strahlen aussendet, als das Aluminiumblech auf der gleichen Seite. Von der Hinterseite dagegen gehen vom Platin so gut wie gar keine, vom Aluminium aber relativ viel X-Strahlen aus. Letztere Strahlen sind in den vorderen Schichten des Aluminiums erzeugt und durch die Platte hindurch gegangen.

Man kann sich von dieser Beobachtung leicht eine Erklärung verschaffen, doch dürfte es sich empfehlen, vorher noch weitere Eigenschaften der X-Strahlen zu erfahren.

Zu erwähnen ist aber, daß der gefundenen Tatsache auch eine praktische Bedeutung zukommt. Zur Erzeugung von möglichst intensiven X-Strahlen eignet sich nach meinen bisherigen Erfahrungen Platin am besten. Ich gebrauche seit einigen Wochen mit gutem Erfolg einen Entladungsapparat, bei dem ein Hohlspiegel aus Aluminium als Kathode, ein unter 45° gegen die Spiegelachse geneigtes, im Krümmungszentrum aufgestelltes Platinblech als Anode fungiert.

21. Die X-Strahlen gehen bei diesem Apparat von der Anode aus. Wie ich aus Versuchen mit verschieden geformten Apparaten schließen muß, ist es mit Rücksicht auf die Intensität der X-Strahlen gleichgültig, ob die Stelle, wo diese Strahlen erzeugt werden, die Anode ist oder nicht.

Speziell zu den Versuchen mit den Wechselströmen des *Tesla*-schen Transformators wird ein Entladungsapparat angefertigt, bei dem beide Elektroden Aluminiumhohlspiegel sind, deren Achsen miteinander einen rechten Winkel bilden; im gemeinschaftlichen Krümmungszentrum ist eine die Kathodenstrahlen auffangende Platinplatte angebracht. Über die Brauchbarkeit dieses Apparates soll später berichtet werden.

Abgeschlossen: 9. März 1896.
Würzburg. Physikal. Institut d. Universität.

Weitere Beobachtungen über die Eigenschaften der X-Strahlen

1. Stellt man zwischen einem Entladungsapparat, der intensive X-Strahlen aussendet[1]), und einem Fluoreszenzschirm eine undurchlässige Platte so auf, daß diese den ganzen Schirm beschattet, so kann man trotzdem noch ein Leuchten des Baryumplatinzyanürs bemerken. Dieses Leuchten ist sogar dann noch zu sehen, wenn der Schirm direkt auf der Platte liegt, und man ist auf den ersten Blick geneigt, die Platte doch für durchlässig zu halten. Bedeckt man aber den auf der Platte liegenden Schirm mit einer dicken Glasscheibe, so wird das Fluoreszenzlicht viel schwächer, und es verschwindet vollständig, wenn man, statt eine Glasplatte zu nehmen, den Schirm mit einem Zylinder aus 0,1 cm dickem Bleiblech umgibt, der einerseits durch die undurchlässige Platte, andererseits durch den Kopf des Beobachters abgeschlossen wird.

Die beschriebene Erscheinung könnte durch Beugung von sehr langwelligen Strahlen oder dadurch entstanden sein, daß von den den Entladungsapparat umgebenden bestrahlten Körpern, namentlich von der bestrahlten Luft, X-Strahlen ausgehen.

Die letztere Erklärung ist die richtige, wie sich unter anderem mit folgendem Apparate leicht nachweisen läßt. Fig. 1 stellt eine sehr dickwandige, 20 cm hohe und 10 cm weite Glasglocke dar, die durch eine aufgekittete, dicke Zinkplatte verschlossen ist. Bei 1 und 2 sind kreissegmentförmige Bleischeiben eingesetzt, die etwas größer sind als der halbe Querschnitt der Glocke und verhindern, daß X-Strahlen, welche durch eine in der Zinkplatte angebrachte, mit Zelluloidfilm wieder verschlossene Öffnung in die Glocke eindringen, auf direktem Wege zu dem über die Bleischeibe 2 gelegenen Raum gelangen. Auf der oberen Seite dieser Bleischeibe ist ein Baryumplatinzyanürschirmchen befestigt, das fast den ganzen Querschnitt der Glocke ausfüllt. Dasselbe kann weder von direkten, noch

[1]) Alle in der folgenden Mitteilung erwähnten Entladungsröhren sind nach dem in § 20 meiner zweiten Mitteilung (Sitzungsber. d. phys.-mediz. Gesellschaft zu Würzburg, Jahrg. 1895) angegebenen Prinzip konstruiert. Einen großen Teil davon erhielt ich von der Firma Greiner & Friedrichs in Stützerbach i. Th., der ich für das mir in reichstem Maße und kostenlos zur Verfügung gestellte Material öffentlich meinen Dank ausspreche. [Zu § 20 der zweiten Mitteilung sieh oben S. 41.]

von solchen Strahlen getroffen werden, die an einem festen Körper (z. B. der Glaswand) eine einmalige diffuse Reflexion erlitten haben. Die Glocke wird vor jedem Versuch mit staubfreier Luft gefüllt. – Läßt man X-Strahlen in die Glocke eintreten, und zwar zunächst so, daß sie alle von dem Bleischirm 1 aufgefangen werden, so sieht man noch gar keine Fluoreszenz bei 2; erst wenn infolge von Neigen der Glocke direkte Strahlen auch zu dem zwischen 1 und 2 gelegenen Raum gelangen, leuchtet der Fluoreszenzschirm auf der von dem Bleiblech 2 bedeckten Hälfte. Setzt man nun die Glocke in Verbindung mit einer Wasserstrahl-Luftpumpe, so bemerkt man, daß die Fluoreszenz immer schwächer wird, je weiter die Verdünnung fortschreitet; wird darauf Luft eingelassen, so nimmt die Intensität wieder zu.

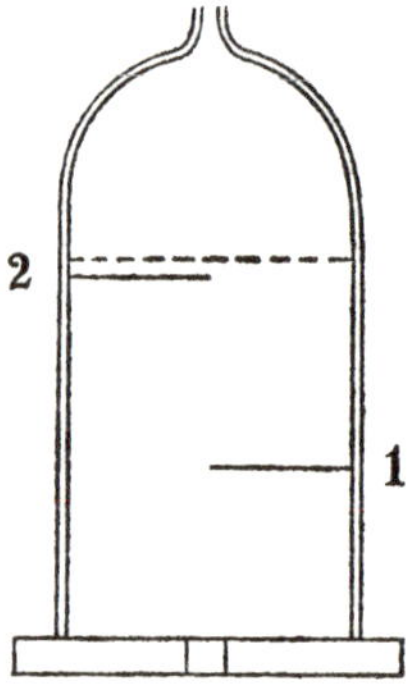

Fig. I.

Da nun, wie ich fand, die bloße Berührung mit kurz vorher bestrahlter Luft keine merkliche Fluoreszenz des Baryumplatinzyanürs erzeugt, so ist aus dem beschriebenen Versuch zu schließen, daß die Luft, während sie bestrahlt wird, nach allen Richtungen X-Strahlen aussendet.

Würde unser Auge für die X-Strahlen ebenso empfindlich sein wie für Lichtstrahlen, so würde ein in Tätigkeit gesetzter Entladungsapparat uns erscheinen, ähnlich wie ein in einem mit Tabakrauch gleichmäßig gefüllten Zimmer brennendes Licht; vielleicht wäre die Farbe der direkten und der von den Luftteilchen kommenden Strahlen verschieden.

Die Frage, ob die von den bestrahlten Körpern ausgehenden Strahlen derselben Art sind wie die auffallenden, oder mit anderen Worten ob eine diffuse Reflexion oder ein der Fluoreszenz ähnlicher Vorgang die Ursache dieser Strahlen ist, habe ich noch nicht entscheiden können; daß auch die von der Luft kommenden Strahlen photographisch wirksam sind, läßt sich leicht nachweisen, und es macht sich diese Wirkung sogar manchmal in einer für den Beobachter unerwünschten Weise bemerkbar. Um sich gegen dieselben zu schützen, was namentlich bei längerer Expositionsdauer häufig notwendig ist, wird man die photographische Platte durch geeignete Bleihüllen abschließen müssen.

2. Zur Vergleichung der Intensität der Strahlung zweier Entladungsröhren und zu verschiedenen anderen Versuchen benutzte ich eine Vorrichtung, die dem *Bouguer*schen Photometer nachgebildet ist, und welche ich der Einfachheit halber auch Photometer nennen will. Ein 35 cm hohes, 150 cm langes und 0,15 cm dickes, rechteckiges Stück Bleiblech ist, durch Bretter gestützt, in der Mitte eines langen Tisches vertikal aufgestellt. Auf beiden Seiten desselben steht, auf dem Tisch verschiebbar, je eine Entladungsröhre. An dem einen Ende des Bleistreifens ist ein Fluoreszenzschirm[2]) so angebracht, daß jede Hälfte desselben nur von einer Röhre senkrecht bestrahlt wird. Bei den Messungen wird auf gleiche Helligkeit der Fluoreszenz beider Hälften eingestellt.

Einige Bemerkungen über den Gebrauch dieses Instrumentes mögen hier Platz finden. Zunächst ist zu erwähnen, daß die Einstellungen häufig sehr erschwert werden durch die Inkonstanz der Strahlenquelle; die Röhre reagiert auf jede Unregelmäßigkeit in der Unterbrechung des primären Stromes, und solche kommen beim *Deprez*schen, aber namentlich beim *Foucault*schen Unterbrecher vor. Eine mehrmalige Wiederholung jeder Einstellung ist daher geboten.

Zweitens möchte ich angeben, wovon die Helligkeit eines gegebenen Fluoreszenzschirmes abhängig ist, der in so rascher Aufeinan-

[2]) Bei diesen und anderen Versuchen hat sich der *Edison*sche Fluoreszenzschirm als sehr praktisch erwiesen. Derselbe besteht aus einem stereoskopähnlichen Gehäuse, das sich lichtdicht an den Kopf des Beobachters anlegen läßt, und dessen Kartonboden mit Baryumplatinzyanür bedeckt ist. *Edison* nimmt statt Baryumplatinzyanür Scheelit; ich ziehe aber ersteres aus manchen Gründen vor.

derfolge von X-Strahlen getroffen wird, daß das beobachtende Auge die Intermittenz der Bestrahlung nicht mehr wahrnimmt. Diese Helligkeit hängt ab 1. von der Intensität der Strahlung, die von der Platinplatte der Entladungsröhre ausgeht; 2. sehr wahrscheinlich von der Art der den Schirm treffenden Strahlen, denn nicht jede Strahlenart (vgl. unten) braucht in gleichem Maß fluoreszenzerregend zu wirken; 3. von der Entfernung des Schirmes von der Ausgangsstelle der Strahlen; 4. von der Absorption, die die Strahlen auf ihrem Wege bis zu dem Baryumplatinzyanür erleiden; 5. von der Anzahl der Entladungen in der Sekunde; 6. von der Dauer jeder einzelnen Entladung; 7. von der Dauer und der Stärke des Nachleuchtens des Baryumplatinzyanürs und 8. von der Bestrahlung des Schirmes durch die die Entladungsröhre umgebenden Körper. Um Irrtümer zu vermeiden, wird man immer daran denken müssen, daß hier im allgemeinen ähnliche Verhältnisse vorliegen, wie wenn man mit Hilfe der Fluoreszenzwirkung zwei verschiedenfarbige, intermittierende Lichtquellen zu vergleichen hätte, die von einer absorbierenden Hülle umgeben in einem trüben – oder fluoreszierenden – Medium aufgestellt sind.

3. Nach § 12 meiner ersten Mitteilung[3]) ist die von den Kathodenstrahlen getroffene Stelle des Entladungsapparates der Ausgangsort der X-Strahlen und zwar breiten sich diese »nach allen Richtungen« aus. Es ist nun von Interesse, zu erfahren, wie die Intensität der Strahlen sich mit der Richtung ändert. Zu dieser Untersuchung eignen sich am besten die kugelförmigen Entladungsapparate mit gut eben geschliffener Platinplatte, die unter einem Winkel von 45° von den Kathodenstrahlen getroffen wird. Schon ohne weitere Hilfsmittel glaubt man an der gleichmäßig hellen Fluoreszenz der über der Platinplatte liegenden halbkugelförmigen Glaswand erkennen zu können, daß sehr große Verschiedenheiten der Intensitäten in verschiedenen Richtungen nicht vorhanden sind, daß somit das *Lambert*sche Emanationsgesetz hier nicht gültig sein kann; doch dürfte diese Fluoreszenz zum größten Teil durch Kathodenstrahlen erzeugt sein.

Zur genaueren Prüfung wurden verschiedene Röhren mit dem

[3]) Sitzungsberichte der physik.-mediz. Gesellschaft zu Würzburg. Jahrg. 1895. [Sieh oben S. 34.]

Photometer auf die Intensität der Strahlung nach verschiedenen Richtungen untersucht, und außerdem habe ich zu demselben Zweck photographische Films exponiert, die um die Platinplatte des Entladungsapparates als Mittelpunkt zu einem Halbkreis (Radius 25 cm) gebogen waren. Bei beiden Verfahren wirkt die Ungleichheit der Dicke verschiedener Stellen der Röhrenwand sehr störend, weil dadurch die nach verschiedenen Richtungen ausgehenden X-Strahlen in ungleichem Maße zurückgehalten werden. Doch gelingt es wohl, die durchstrahlte Glasdicke durch Einschaltung von dünnen Glasplatten ziemlich gleich zu machen.

Das Resultat dieser Versuche ist, daß die Bestrahlung einer über der Platinplatte als Mittelpunkt konstruiert gedachten Halbkugel fast bis zum Rande derselben eine nahezu gleichmäßige ist. Erst bei einem Emanationswinkel von etwa 80° der X-Strahlen konnte ich den Anfang einer Abnahme der Bestrahlung bemerken, und auch diese Abnahme ist noch eine relativ geringe, so daß die Hauptänderung der Intensität zwischen 89° und 90° vorhanden ist.

Einen Unterschied in der Art der unter verschiedenen Winkeln emittierten Strahlen habe ich nicht bemerken können.

Infolge der beschriebenen Intensitätsverteilung der X-Strahlen müssen die Bilder, welche mit einer Lochkamera – bzw. mit einem engen Spalt – von der Platinplatte, sei es auf dem Fluoreszenzschirm oder auf der photographischen Platte, erhalten werden, um so intensiver sein, je größer der Winkel ist, den die Platinplatte mit dem Schirm oder der photographischen Platte bildet; vorausgesetzt, daß dieser Winkel 80° nicht überschreitet. Durch geeignete Vorrichtungen, welche gestatteten, die bei verschiedenen Winkeln mit derselben Entladungsröhre gleichzeitig erhaltenen Bilder miteinander zu vergleichen, konnte ich diese Folgerung bestätigen.

Einen ähnlichen Fall von Intensitätsverteilung ausgesandter Strahlen treffen wir in der Optik bei der Fluoreszenz an. Läßt man in einen mit Wasser gefüllten, viereckigen Trog einige Tropfen Fluoreszein-Lösung fallen und beleuchtet den Trog mit weißem oder violettem Licht, so bemerkt man, daß das hellste Fluoreszenzlicht von den Rändern der langsam herabsinkenden Fluoreszeinfäden ausgeht, d.h. von den Stellen, wo der Emanationswinkel des Fluoreszenzlichtes am größten ist. Wie schon Hr. *Stokes* bei Gelegenheit eines ähnlichen Versuches bemerkte, rührt diese Erscheinung daher, daß die Fluoreszenz erregenden Strahlen von der Fluoreszein-Lösung bedeutend stärker absorbiert werden als das Fluoreszenzlicht. Es ist nun sehr bemerkenswert, daß auch die die X-Strahlen erzeugenden Kathodenstrahlen von Platin viel stärker absorbiert werden als die X-Strahlen, und es liegt deshalb nahe, zu vermuten, daß zwischen den beiden Vorgängen – der Verwandlung von Licht in Fluoreszenzlicht und der von Kathodenstrahlen in X-Strahlen – eine Verwandtschaft besteht. Irgend ein zwingender Grund für eine solche Annahme ist indessen vorläufig noch nicht vorhanden.

Auch mit Rücksicht auf die Technik der Herstellung von Schattenbildern mittels X-Strahlen haben die Beobachtungen über die Intensitätsverteilung der von der Platinplatte ausgehenden Strahlen eine gewisse Bedeutung. Nach dem oben mitgeteilten wird es sich empfehlen, die Entladungsröhre so aufzustellen, daß die zur Bildererzeugung verwendeten Strahlen das Platin unter einem möglichst großen, jedoch nicht viel über 80° hinausgehenden Winkel verlassen; dadurch erhält man möglichst scharfe Bilder, und wenn die Platinplatte gut eben und die Konstruktion der Röhre eine derartige ist, daß die schräg emittierten Strahlen keine wesentlich dickere Glaswand zu durchlaufen haben als die senkrecht von der Platinplatte ausgehenden Strahlen, so erleidet auch die Bestrahlung des Objektes durch die angegebene Anordnung keine Einbuße an Intensität.

4. Mit »Durchlässigkeit eines Körpers« bezeichnete ich in meiner ersten Mitteilung das Verhältnis der Helligkeit eines dicht hinter dem Körper senkrecht zu den Strahlen gehaltenen Fluoreszenzschirmes zu derjenigen Helligkeit des Schirmes, welche dieser ohne Zwischenschaltung des Körpers aber unter sonst gleichen Verhältnissen zeigt. Spezifische Durchlässigkeit eines Körpers soll die auf die Dickeneinheit reduzierte Durchlässigkeit des Körpers genannt werden; dieselbe ist gleich der d^{ten} Wurzel aus der Durchlässigkeit, wenn d die Dicke der durchstrahlenden Schicht, in der Richtung der Strahlen gemessen, bedeutet.

Um die Durchlässigkeit zu bestimmen, habe ich seit meiner ersten Mitteilung hauptsächlich das oben beschriebene Photometer gebraucht. Vor die eine der beiden gleich hell fluoreszierenden Hälften des Schirmes wurde der betreffende plattenförmige Körper – Aluminium, Stanniol, Glas usw. – gebracht, und die dadurch entstandene Ungleichheit der Helligkeiten wieder ausgeglichen entweder durch Vergrößerung der Entfernung des die nicht bedeckte Schirmhälfte bestrahlenden Entladungsapparates oder durch Nähern des andern. In beiden Fällen ist das richtig genommene Verhältnis der Quadrate der Entfernungen der Platinplatte des Entladungsapparates vom Schirm vor und nach der Verschiebung des Apparates der gesuchte Wert der Durchlässigkeit des vorgesetzten Körpers. Beide Wege führten zu demselben Resultat. Nach Hinzufügen einer zweiten Platte zu der ersten findet man in derselben Weise die Durchlässigkeit jener zweiten Platte für Strahlen, die bereits durch eine Platte hindurchgegangen sind.

Das beschriebene Verfahren setzt voraus, daß die Helligkeit eines Fluoreszenzschirmes umgekehrt proportional ist dem Quadrat seiner Entfernung von der Strahlenquelle, und dies trifft nur dann zu, wenn erstens die Luft keine X-Strahlen absorbiert bzw. emittiert, und wenn zweitens die Helligkeit des Fluoreszenzlichtes der Intensität der Bestrahlung durch Strahlen gleicher Art proportional ist. Die erstere Bedingung ist nun sicher nicht erfüllt, und von der zweiten ist es fraglich, ob sie erfüllt ist; ich habe mich deshalb zuerst durch Versuche, wie sie bereits in § 10 meiner ersten Mitteilung beschrieben wurden, davon überzeugt, daß die Abweichungen von dem erwähnten Proportionalitätsgesetz so gering sind, daß sie in dem vorliegenden Fall außer Betracht gelassen werden können. – Auch ist noch mit Rücksicht auf die Tatsache, daß von den bestrahlten Körpern wieder X-Strahlen ausgehen, zu erwähnen erstens, daß ein Unterschied in der Durchlässigkeit einer 0,925 mm dicken Aluminiumplatte und von 31 übereinander gelegten Aluminiumblättern von 0,0299 mm Dicke – $31 \times 0{,}0299 = 0{,}927$ – mit dem Photometer nicht gefunden werden konnte; und zweitens, daß die Helligkeit des Fluoreszenzschirmes nicht merklich verschieden war, wenn die Platte dicht vor dem Schirm, oder in größerer Entfernung von demselben aufgestellt wurde.

Das Ergebnis dieser Durchlässigkeitsversuche ist nun für Aluminium folgendes:

Durchlässigkeit für senkrecht auffallende Strahlen	Röhre 2	Röhre 3	Röhre 4	Röhre 2
Der ersten 1 mm dicken Alum.-Platte	0,40	0,45	–	0,68
Der zweiten 1 mm dicken Alum.-Platte	0,55	0,68	–	0,73
Der ersten 2 mm dicken Alum.-Platte	–	0,30	0,39	0,50
Der zweiten 2 mm dicken Alum.-Platte	–	0,39	0,54	0,63

Aus diesen und ähnlichen mit Glas und Stanniol aufgestellten Versuchen entnehmen wir zunächst folgendes Resultat: denkt man sich die untersuchten Körper in gleich dicke, zu den parallelen Strahlen senkrechte Schichten zerlegt, so ist jede dieser Schichten für die in sie eindringenden Strahlen durchlässiger als die vorhergehende; oder mit andern Worten: die spezifische Durchlässigkeit eines Körpers ist um so größer, je dicker der betreffende Körper ist.

Dieses Resultat ist vollständig in Einklang mit dem, was man an der in § 4 meiner ersten Mitteilung erwähnten Photographie einer Stanniolskala beobachten kann, und auch mit der Tatsache, daß sich mitunter auf photographischen Bildern der Schatten dünner Schichten, z. B. von dem zum Einwickeln der Platte verwendeten Papier verhältnismäßig stark bemerkbar macht.

5. Wenn zwei Platten aus verschiedenen Körpern gleich durchlässig sind, so braucht diese Gleichheit nicht mehr zu bestehen, wenn die Dicke der beiden Platten in demselben Verhältnis und sonst nichts verändert wird. Diese Tatsache läßt sich am einfachsten nachweisen mit Hilfe von zwei nebeneinander gelegten Skalen aus Platin bzw. aus Aluminium. Ich benutze dazu Platinfolie von 0,0026 mm und Aluminiumfolie von 0,0299 mm Dicke. Brachte ich die Doppelskala vor den Fluoreszenzschirm oder vor eine photographische Platte und bestrahlte dieselben, so fand ich z. B. in einem Fall, daß eine einfache Platinschicht gleich durchlässig war, wie eine sechsfache Aluminiumschicht; dann war aber die Durchlässigkeit einer zweifachen Platinschicht nicht gleich der einer zwölffachen, sondern der einer sechzehnfachen Aluminiumschicht. Bei Verwendung einer anderen Entladungsröhre erhielt ich 1 Platin = 8 Aluminium bzw. 8 Platin = 90 Aluminium. Aus diesen Versuchen folgt, daß das

Verhältnis der Dicken von Platin und Aluminium gleicher Durchlässigkeit um so kleiner ist, je dicker die betreffenden Schichten sind.

6. Das Verhältnis der Dicken von zwei gleich durchlässigen Platten aus verschiedenem Material ist abhängig von der Dicke und dem Material desjenigen Körpers – z. B. der Glaswand des Entladungsapparates –, den die Strahlen zu durchlaufen haben, bevor sie die betreffenden Platten erreichen.

Um dieses – nach dem in § 4 und 5 mitgeteilten nicht unerwartete – Resultat nachzuweisen, kann man eine Vorrichtung gebrauchen, die ich ein Platin-Aluminiumfenster nenne, und die auch, wie wir sehen werden, zu anderen Zwecken verwendbar ist. Dieselbe besteht aus einem auf einem dünnen Papierschirm aufgeklebten, rechteckigen (4,0 cm × 6,5 cm) Stück Platinfolie von 0,0026 mm Dicke, das mittels eines Durchschlages mit 15 auf drei Reihen verteilten runden Löchern von 0,7 cm Durchmesser versehen ist. Diese Fensterchen sind verdeckt mit genau passenden und sorgfältig übereinander geschichteten Scheibchen aus 0,0299 mm dicker Aluminiumfolie, und zwar so, daß in dem ersten Fensterchen ein, im zweiten zwei usw., schließlich im fünfzehnten fünfzehn Scheibchen liegen. Bringt man diese Vorrichtung vor den Fluoreszenzschirm, so erkennt man namentlich bei nicht zu harten Röhren (vergl. unten) sehr deutlich, wieviel Aluminiumblättchen gleich durchlässig sind, wie die Platinfolie. Diese Anzahl soll kurz die Fensternummer genannt werden.

Als Fensternummer erhielt ich in einem Fall bei *direkter* Bestrahlung die Zahl 5; wurde dann eine 2 mm dicke Platte aus gewöhnlichem Natronglas vorgehalten, so ergab sich die Fensternummer 10; es war somit das Verhältnis der Dicken von Platin- und Aluminiumblechen gleicher Durchlässigkeit dadurch auf die Hälfte reduziert, daß ich statt der direkt von dem Entladungsapparat kommenden Strahlen solche benutzte, die durch eine 2 mm dicke Glasplatte hindurchgegangen waren, q. e. d.

Auch der folgende Versuch verdient an dieser Stelle einer Erwähnung. Das Platin-Aluminiumfenster wurde auf ein Päckchen, das 12 photographische Films enthielt, gelegt und dann exponiert; nach dem Entwickeln zeigte das erste unter dem Fenster gelegene Blatt die Fensternummer 10, das zwölfte die Nummer 13 und die übrigen in richtiger Reihenfolge die Übergänge von 10 zu 13.

7. Die in den §§ 4, 5 und 6 mitgeteilten Versuche beziehen sich auf die Veränderungen, welche die von einer Entladungsröhre ausgehenden X-Strahlen beim Durchgang durch verschiedene Körper erleiden. Es soll nun nachgewiesen werden, daß ein und derselbe Körper bei gleicher durchstrahlter Dicke verschieden durchlässig sein kann für Strahlen, die von verschiedenen Röhren emittiert werden.

In der folgenden Tabelle sind zu diesem Zweck die Werte der Durchlässigkeit einer 2 mm dicken Aluminiumplatte für die in verschiedenen Röhren erzeugten Strahlen angegeben. Einige dieser Werte sind der ersten Tabelle S. 50 entnommen.

Durchlässigkeit	Röhre 1	Röhre 2	Röhre 3	Röhre 4	Röhre 2	Röhre 5
Für senkrecht auffallende Strahlen einer 2 mm dicken Aluminiumplatte	0,0044	0,22	0,30	0,39	0,50	0,59

Die Entladungsröhren unterschieden sich nicht wesentlich durch ihre Konstruktion oder durch die Dicke ihrer Glaswand, sondern hauptsächlich durch den Grad der Verdünnung ihres Gasinhaltes und das dadurch bedingte Entladungspotential; die Röhre 1 erfordert das kleinste, die Röhre 5 das größte Entladungspotential, oder wie wir der Kürze halber sagen wollen: die Röhre 1 ist die weichste, die Röhre 5 die härteste. Derselbe *Ruhmkorff* – und zwar in direkter Verbindung mit den Röhren – derselbe Unterbrecher und dieselbe primäre Stromstärke wurden in allen Fällen benutzt.

Ähnlich wie das Aluminium verhalten sich die vielen anderen von mir untersuchten Körper: alle sind für Strahlen einer härteren Röhre durchlässiger als für Strahlen einer weicheren Röhre[4]). Diese Tatsache scheint mir einer besonderen Beachtung wert zu sein.

Auch das Verhältnis der Dicken von zwei gleich durchlässigen

[4]) Über das Verhalten »nicht normaler« Röhren siehe unten S. 56

Platten verschiedener Körper stellt sich als abhängig von der Härte der benutzten Entladungsröhre heraus. Man erkennt das sofort mit dem Platin-Aluminiumfenster (§ 5); mit einer sehr weichen Röhre findet man z.B. die Fensternummer 2 und für sehr harte, sonst gleiche Röhren reicht die bis Nr. 15 gehende Skala gar nicht aus. Das heißt also, daß das Verhältnis der Dicken von Platin und Aluminium gleicher Durchlässigkeit um so kleiner ist, je härter die Röhren sind, aus denen die Strahlen kommen, oder – mit Rücksicht auf das oben mitgeteilte Resultat – je weniger absorbierbar die Strahlen sind.

Das verschiedene Verhalten der in verschieden harten Röhren erzeugten Strahlen macht sich selbstverständlich auch in den bekannten Schattenbildern von Händen usw. bemerkbar. Mit einer sehr weichen Röhre erhält man dunkle Bilder, in denen die Knochen wenig hervortreten; bei Anwendung einer härteren Röhre sind die Knochen sehr deutlich und in allen Details sichtbar, die Weichteile dagegen schwach, und mit einer sehr harten Röhre erhält man auch von den Knochen nur schwache Schatten. Aus dem Gesagten geht hervor, daß die Wahl der zu benutzenden Röhre sich nach der Beschaffenheit des abzubildenden Gegenstandes richten muß.

8. Es bleibt noch übrig mitzuteilen, daß die Qualität der von einer und derselben Röhre gelieferten Strahlen von verschiedenen Umständen abhängig ist. Wie die Untersuchung mit dem Platin-Aluminiumfenster lehrt, wird dieselbe beeinflußt: 1. von der Art und Weise, wie der *Deprez*- oder *Foucault*-Unterbrecher[5]) am Induktionsapparat wirkt, d.h. von dem Verlauf des primären Stromes. Hierher gehört die häufig zu beobachtende Erscheinung, daß einzelne von den rasch auf einander folgenden Entladungen X-Strahlen erzeugen, die nicht nur besonders intensiv sind, sondern sich auch durch ihre Absorbierbarkeit von den andern unterscheiden. 2. Durch eine Funkenstrecke, welche in den sekundären Kreis vor den Entladungsapparat eingeschaltet wird. 3. Durch Einschaltung eines *Tesla*-Transformators. 4. Durch den Grad der Verdünnung des Entladungsapparats (wie schon erwähnt). 5. Durch ver-

[5]) Ein guter *Deprez*-Unterbrecher funktioniert regelmäßiger als ein *Foucault*-Unterbrecher; der letztere nutzt jedoch den primären Strom besser aus.

schiedene noch nicht genügend erkannte Vorgänge im Innern der Entladungsröhre. Einzelne dieser Faktoren verdienen eine etwas mehr eingehende Besprechung.

Nehmen wir eine noch nicht gebrauchte und nicht evakuierte Röhre und setzen dieselbe an die Quecksilberpumpe an, so werden wir nach dem nötigen Pumpen und Erwärmen der Röhre einen Verdünnungsgrad erreichen, bei welchem die ersten X-Strahlen sich durch schwaches Leuchten des nahen Fluoreszenzschirmes bemerkbar machen. Eine parallel zur Röhre geschaltete Funkenstrecke liefert Funken von wenigen Millimetern Länge, das Platin-Aluminiumfenster zeigt sehr niedrige Nummern, die Strahlen sind sehr absorbierbar. Die Röhre ist »sehr weich«. Wenn nun eine Funkenstrecke vorgeschaltet, oder ein *Tesla*-Transformator eingeschaltet wird[6]), so entstehen intensivere und weniger absorbierbare Strahlen. So fand ich z. B. in einem Fall, daß durch Vergrößerung der vorgeschalteten Funkenstrecke die Fensternummer allmählich von 2,5 auf 10 heraufgebracht werden konnte.

(Diese Beobachtungen führten mich zu der Frage, ob nicht auch bei noch höheren Drucken durch Anwendung eines *Tesla*-Transformators X-Strahlen zu erhalten sind. Dies ist in der Tat der Fall: mit einer engen Röhre mit drahtförmigen Elektroden konnte ich noch X-Strahlen erhalten, wenn der Druck der eingeschlossenen Luft 3,1 mm Quecksilber betrug. Wurde statt Luft Wasserstoff genommen, so durfte der Druck noch größer sein. Den geringsten Druck, bei welchem in Luft noch X-Strahlen erzeugt werden können, konnte ich nicht feststellen; derselbe liegt aber jedenfalls unter 0,0002 mm Quecksilber, so daß das Druckgebiet, innerhalb dessen überhaupt X-Strahlen entstehen können, schon jetzt ein sehr großes ist.)

Weiteres Evakuieren der »sehr weichen« – direkt mit dem Induktorium verbundenen – Röhre hat zur Folge, daß die Strahlung intensiver wird, und daß ein größerer Bruchteil derselben durch die be-

[6]) Daß eine vorgeschaltete Funkenstrecke ähnlich wie ein eingeschalteter *Tesla*-Transformator wirkt, habe ich in der französischen Ausgabe meiner zweiten Mitteilung (Archives des Sciences physiques etc. de Geneve, 1896) erwähnen können; in der deutschen Ausgabe ist diese Bemerkung durch ein Versehen weggeblieben.

strahlten Körper hindurch geht: eine vor den Fluoreszenzschirm gehaltene Hand ist durchlässiger als vorher, und es ergeben sich am Platin-Aluminiumfenster höhere Fensternummern. Gleichzeitig mußte die parallel geschaltete Funkenstrecke vergrößert werden, um die Entladung durch die Röhre gehen zu lassen: die Röhre ist »härter« geworden. – Pumpt man die Röhre noch mehr aus, so wird sie so »hart«, daß die Funkenstrecke über 20 cm lang gemacht werden muß, und nun sendet die Röhre Strahlen aus, für welche die Körper ungemein durchlässig sind: 4,0 cm dicke Eisenplatten, mit dem Fluoreszenzschirm untersucht, erwiesen sich noch als durchlässig.

Das beschriebene Verhalten einer mit der Quecksilberpumpe und mit dem Induktorium direkt verbundenen Röhre ist das normale; Abweichungen von dieser Regel, die durch die Entladungen selbst bewirkt werden, kommen häufig vor. Das Verhalten der Röhren ist überhaupt manchmal ein ganz unberechenbares.

Das Hartwerden einer Röhre dachten wir uns durch fortgesetztes Evakuieren mit der Pumpe erzeugt; dasselbe kann auch in anderer Weise geschehen. So wird eine von der Pumpe abgeschmolzene, mittelharte Röhre auch von selbst – mit Rücksicht auf die Dauer ihrer Verwendbarkeit leider – fortwährend härter, wenn sie in richtiger Weise zum Erzeugen von X-Strahlen verwendet wird, d.h., wenn Entladungen, die das Platin nicht oder nur schwach zum Glühen bringen, durchgeschickt werden. Es findet eine allmähliche Selbstevakuierung statt.

Mit einer solchen sehr hart gewordenen Röhre habe ich von dem Doppellauf eines Jagdgewehres mit eingesteckten Patronen ein sehr schönes photographisches Schattenbild erhalten, in welchem alle Details der Patronen, die inneren Fehler der Damastläufe usw. sehr deutlich und scharf erkennbar sind. Der Abstand der Platinplatte der Entladungsröhre bis zur photographischen Platte betrug 15 cm, die Expositionsdauer 12 Minuten – verhältnismäßig lang infolge der geringeren photographischen Wirkung der wenig absorbierbaren Strahlen (vgl. unten). Der *Deprez*-Unterbrecher mußte durch den *Foucault*-Unterbrecher ersetzt werden. Es würde von Interesse sein, Röhren zu konstruieren, welche gestatten, noch höhere Entladungspotentiale anzuwenden, als bisher möglich war.

Als Ursache des Hartwerdens einer von der Pumpe abgeschmolzenen Röhre wurde oben die Selbstevakuierung infolge von Entladungen angegeben; indessen ist dies nicht die einzige Ursache, es finden auch an den Elektroden Veränderungen statt, die dasselbe bewirken. Worin dieselben bestehen, weiß ich nicht.

Eine zu hart gewordene Röhre kann weicher gemacht werden: durch Einlassen von Luft, manchmal auch durch Erwärmen der Röhre oder Umkehren der Stromrichtung und schließlich durch sehr kräftige hindurchgeschickte Entladungen. Im letzten Fall hat aber die Röhre meistens andere Eigenschaften als die oben beschriebenen bekommen: so beansprucht sie z. B. manchmal ein sehr großes Entladungspotential und liefert doch Strahlen von verhältnismäßig geringer Fensternummer und großer Absorbierbarkeit. Auf das Verhalten dieser »nicht normalen« Röhren möchte ich nicht weiter eingehen. – Die von Hrn. *Zehnder* konstruierten Röhren mit regulierbarem Vakuum, welche ein Stückchen Lindenkohle enthalten, haben mir sehr gute Dienste geleistet.

Die in diesem Paragraphen mitgeteilten Beobachtungen und andere haben mich zu der Ansicht geführt, daß die Zusammensetzung der von einer mit Platinanode versehenen Entladungsröhre ausgesandten Strahlen wesentlich bedingt ist durch den zeitlichen Verlauf des Entladungsstromes. Der Verdünnungsgrad, die Härte, spielt nur deshalb eine Rolle, weil davon die Form der Entladung abhängig ist. Wenn man die für das Zustandekommen der X-Strahlen nötige Entladungsform in irgend einer Weise herzustellen vermag, können auch X-Strahlen erhalten werden, selbst bei relativ hohen Drucken.

Schließlich ist es noch erwähnenswert, daß die Qualität der von einer Röhre erzeugten Strahlen gar nicht oder nur wenig geändert wird durch beträchtliche Veränderungen der Stärke des primären Stromes; vorausgesetzt, daß der Unterbrecher in allen Fällen gleich funktioniert. Dagegen ergibt sich die Intensität der X-Strahlen innerhalb gewisser Grenzen proportional der Stärke des primären Stromes, wie folgender Versuch zeigt. Die Entfernungen vom Entladungsapparat, in welchem die Fluoreszenz des Baryumplatinzyanürschirmes in einem speziellen Fall noch eben bemerkbar war, betrugen 18,1 m, 25,7 m und 37,5 m, wenn die Stärke des primären Stromes von 8 auf 16 und 32 Amp. vergrößert wurde. Die Quadrate jener Entfernungen stehen in nahezu demselben Verhältnis zueinander wie die entsprechenden Stromstärken.

9. Die in den fünf letzten Paragraphen aufgeführten Resultate ergaben sich unmittelbar aus den einzelnen mitgeteilten Versuchen. Überblickt man die Gesamtheit dieser Einzelresultate, so kommt man, zum Teil geleitet durch die Analogie, welche zwischen dem Verhalten der optischen und der X-Strahlen besteht, zu folgenden Vorstellungen:

a) Die von einem Entladungsapparate ausgehende Strahlung besteht aus einem Gemisch von Strahlen verschiedener Absorbierbarkeit und Intensität.

b) Die Zusammensetzung dieses Gemisches ist wesentlich von dem zeitlichen Verlauf des Entladungsstromes abhängig.

c) Die bei der Absorption von den Körpern bevorzugten Strahlen sind für die verschiedenen Körper verschieden.

d) Da die X-Strahlen durch die Kathodenstrahlen entstehen, und beide gemeinsame Eigenschaften haben – Fluoreszenzerzeugung, photographische und elektrische Wirkungen, eine Absorbierbarkeit, deren Größe wesentlich durch die Dichte der durchstrahlten Medien bedingt ist usw. –, so liegt die Vermutung nahe, daß beide Erscheinungen Vorgänge derselben Natur sind. Ohne mich zu dieser Ansicht bedingungslos bekennen zu wollen, möchte ich doch bemerken, daß die Resultate der letzten Paragraphen geeignet sind, eine Schwierigkeit, die sich jener Vermutung bis jetzt entgegenstellte, zu heben. Diese Schwierigkeit besteht einmal in der großen Verschiedenheit zwischen der Absorbierbarkeit der von Herrn *Lenard* untersuchten Kathodenstrahlen und der der X-Strahlen, und zweitens darin, daß die Durchlässigkeit der Körper für jene Kathodenstrahlen nach einem anderen Gesetz von der Dichte der Körper abhängig ist als die Durchlässigkeit für die X-Strahlen.

Was zunächst den ersten Punkt anbetrifft, so ist zweierlei zu erwägen. 1. Wir haben in § 7 gesehen, daß es X-Strahlen von sehr verschiedener Absorbierbarkeit gibt, und wissen durch die Untersuchungen von *Hertz* und *Lenard*, daß auch die verschiedenen Kathodenstrahlen sich durch ihre Absorbierbarkeit voneinander unterscheiden; wenn somit auch die auf S. 52 erwähnte »weichste Röhre« X-Strahlen lieferte, deren Absorbierbarkeit noch bei weitem nicht an die der von Herrn *Lenard* untersuchten Kathodenstrahlen heranreicht, so gibt es doch ohne Zweifel X-Strahlen von noch größerer und andererseits Kathodenstrahlen von noch kleinerer Absorbierbarkeit. Es erscheint deshalb wohl möglich, daß bei späteren Versuchen Strahlen gefunden wurden, die, was ihre Absorbierbarkeit anbetrifft, den Übergang von der einen Strahlenart zur anderen bilden. 2. Wir fanden in § 4, daß die spezifische Durchlässigkeit eines Körpers desto kleiner ist, je dünner die durchstrahlte Platte ist. Hätten wir folglich zu unseren Versuchen so dünne Platten genommen wie Herr *Lenard*, so würden wir für die Absorbierbarkeit der X-Strahlen Werte gefunden haben, die den *Lenard*schen näher gelegen wären.

Bezüglich des verschiedenen Einflusses der Dichte der Körper auf die Absorbierbarkeit der X-Strahlen und der Kathodenstrahlen ist zu sagen, daß dieser Unterschied auch um so kleiner gefunden wird, je stärker absorbierbare X-Strahlen zu dem Versuch gewählt werden (§ 7 und § 8) und je dünner die durchstrahlten Platten sind (§ 5). Folglich ist die Möglichkeit zuzugeben, daß dieser Unterschied in dem Verhalten der beiden Strahlenarten gleichzeitig mit dem zuerst genannten durch weitere Versuche zum Verschwinden gebracht werden kann.

Am nächsten stehen sich in ihrem Verhalten bei der Absorption die in sehr harten Röhren vorzugsweise vorhandenen Kathodenstrahlen und die in sehr weichen Röhren von der Platinplatte vorzugsweise ausgehenden X-Strahlen.

10. Außer der Fluoreszenzerregung üben die X-Strahlen bekanntermaßen noch photographische, elektrische und andere Wirkungen aus, und es ist von Interesse zu wissen, inwieweit dieselben miteinander parallel gehen, wenn die Strahlenquelle geändert wird. Ich habe mich darauf beschränken müssen, die beiden zuerst genannten Wirkungen miteinander zu vergleichen.

Dazu eignet sich zunächst wieder das Platin-Aluminiumfenster. Ein Exemplar davon wurde auf eine eingehüllte photographische Platte gelegt, ein zweites vor den Fluoreszenzschirm gebracht und dann beide in gleichem Abstand von dem Entladungsapparat aufgestellt. Die X-Strahlen hatten bis zur empfindlichen Schicht der photographischen Platte bzw. bis zum Baryumplatinzyanür genau dieselben Medien zu durchlaufen. Während der Exposition beobachtete ich den Schirm und konstatierte die Fensternummer; nach dem Entwickeln wurde auf der photographischen Platte ebenfalls die Fensternummer bestimmt und dann wurden beide Nummern miteinander verglichen. Das Resultat solcher Versuche ist, daß bei Anwendung von weicheren Röhren (Fensternummer 4–7) kein Unterschied zu bemerken war; bei Anwendung von härteren Röhren schien es mir, als ob die Fensternummer auf der photographischen Platte ein wenig, aber höchstens eine Einheit, niedriger war als die mittels des Fluoreszenzschirmes bestimmte. Indessen ist diese Beobachtung, wenn auch wiederholt bestätigt gefunden, doch nicht ganz einwurfsfrei, weil die Bestimmung der hohen Fensternummer am Fluoreszenzschirm ziemlich unsicher ist. Völlig sicher dagegen ist das folgende Ergebnis. Stellt man an dem in § 2 beschriebenen Photometer eine harte und eine weiche Röhre auf gleiche Helligkeit des Fluoreszenzschirmes ein und bringt dann eine photographische Platte an die Stelle des Schirmes, so bemerkt man nach dem Entwikkeln dieser Platte, daß die von der harten Röhre bestrahlte Plattenhälfte beträchtlich weniger geschwärzt ist als die andere. Die Bestrahlungen, die gleiche Intensität der Fluoreszenz erzeugten, wirkten photographisch verschieden.

Bei der Beurteilung diese Resultats darf man nicht außer Betracht lassen, daß weder der Fluoreszenzschirm noch die photographische Platte die auffallenden Strahlen vollständig ausnutzen; beide lassen noch viel Strahlen hindurch, die wieder Fluoreszenz bzw. photographische Wirkungen hervorrufen können. Das mitgeteilte Resultat gilt demnach zunächst nur für die gebräuchliche Dicke der empfindlichen photographischen Schicht und des Baryumplatinzyanürbeleges.

Wie sehr durchlässig die empfindliche Schicht der photographischen Platte sogar für X-Strahlen von Röhren mittlerer Härte ist, beweist ein Versuch mit 96 aufeinander gelegten, in 25 cm Entfernung von der Strahlenquelle 5 Minuten lang exponierten und durch eine Bleiumhüllung gegen die Strahlung der Luft geschützten Films. Noch auf dem letzten derselben ist eine photographische Wirkung deutlich zu erkennen, während der erste kaum überexponiert ist. Durch diese und ähnliche Beobachtungen veranlaßt, habe ich bei einigen Firmen für photographische Platten angefragt, ob es nicht möglich wäre, Platten herzustellen, die für die Photographie mit X-Strahlen geeigneter wären als die gewöhnlichen. Die eingesandten Proben waren jedoch nicht brauchbar.

Ich hatte, wie schon auf S. 55 erwähnt, häufig Gelegenheit, wahrzunehmen, daß sehr harte Röhren unter sonst gleichen Umständen eine längere Expositionsdauer beanspruchen als mittelharte, es ist dies verständlich, wenn man sich des in § 9 mitgeteilten Resultates erinnert, wonach alle untersuchten Körper für Strahlen, die von harten Röhren emittiert werden, durchlässiger sind als für die von weichen Röhren ausgehenden. Daß mit sehr weichen Röhren wieder lang exponiert werden muß, läßt sich durch die geringere Intensität der von denselben ausgesandten Strahlen erklären.

Wenn die Intensität der Strahlen durch Vergrößerung der primären Stromstärke (vgl. S. 56) vermehrt wird, so wird die photographische Wirkung in demselben Maß gesteigert wie die Intensität der Fluoreszenz; und es dürfte in diesem und in jenem oben besprochenen Fall, wo die Intensität der Bestrahlung des Fluoreszenzschirmes durch Veränderung des Abstandes des Schirmes von der Strahlenquelle geändert wird, die Helligkeit der Fluoreszenz – wenigstens sehr nahezu – proportional der Intensität der Bestrahlung sein. Es ist aber nicht erlaubt, diese Regel allgemein anzuwenden.

11. Zum Schluß sei es mir gestattet, folgende Einzelheiten zu erwähnen. Bei einer richtig konstruierten, nicht zu weichen Entladungsröhre kommen die X-Strahlen hauptsächlich von einer nur 1–2 mm großen Stelle der von den Kathodenstrahlen getroffenen Platinplatte; indessen ist das nicht der einzige Ausgangsort: die ganze Platte und ein Teil der Röhrenwand emittiert, wenn auch in viel schwächerem Maße, X-Strahlen. Von der Kathode gehen nämlich nach allen Richtungen Kathodenstrahlen aus; die Intensität derselben ist aber nur in der Nähe der Hohlspiegelachse sehr bedeutend, und deshalb entstehen auf der Platinplatte da, wo diese Achse sie trifft, die intensivsten X-Strahlen. Wenn die Röhre sehr hart und das Platin dünn ist, so gehen auch von der Rückseite der Platinplatte sehr viel X-Strahlen aus, und zwar, wie die Lochkamera zeigt, wieder vorzugsweise von einer auf der Spiegelachse liegenden Stelle.

Auch in diesen härtesten Röhren ließ sich das Intensitätsmaximum der Kathodenstrahlen durch einen Magneten von der Platinplatte ablenken. Einige an weichen Röhren gemachte Erfahrungen veranlaßten mich, die Frage nach der magnetischen Ablenkbarkeit der X-Strahlen mit verbesserten Hilfsmitteln nochmals in Angriff zu nehmen; ich hoffe bald über diese Versuche berichten zu können.

Die in meiner ersten Mitteilung erwähnten Versuche über die Durchlässigkeit von Platten gleicher Dicke, die aus einem Kristall nach verschiedenen Richtungen geschnitten sind, habe ich fortgesetzt. Es kamen zur Untersuchung Platten von Kalkspat, Quarz, Turmalin, Beryll, Aragonit, Apathit und Baryt. Ein Einfluß der Richtung auf die Durchlässigkeit ließ sich auch jetzt nicht erkennen.

Die von Herrn *G. Brandes* beobachtete Tatsache, daß die X-Strahlen in der Netzhaus des Auges einen Lichtreiz auslösen können, habe ich bestätigt gefunden. Auch in meinem Beobachtungsjournal steht eine Notiz aus dem Anfang des Monats November 1895, wonach ich in einem ganz verdunkelten Zimmer nahe an einer hölzernen Tür, auf deren Außenseite eine *Hittorf*sche Röhre befestigt war, eine schwache Lichterscheinung, die sich über das ganze Gesichtsfeld ausdehnte, wahrnahm, wenn Entladungen durch die Röhre geschickt wurden. Da ich diese Erscheinung nur einmal beobachtete, hielt ich sie für eine subjektive, und daß ich sie nicht wiederholt sah, liegt daran, daß später statt der *Hittorf*schen Röhre andere, weniger evakuierte und nicht mit Platinanode versehene Apparate zur Verwendung kamen. Die *Hittorf*sche Röhre liefert wegen der hohen Verdünnung ihres Inhaltes Strahlen von geringer Absorbierbarkeit und wegen des Vorhandenseins einer von den Kathodenstrahlen getroffenen Platinanode intensive Strahlen, was für das Zustandekommen der genannten Lichterscheinung günstig ist. Ich mußte die *Hittorf*schen Röhren durch andere ersetzen, weil alle nach sehr kurzer Zeit durchschlagen wurden.

Mit den jetzt in Gebrauch befindlichen, harten Röhren läßt sich der *Brandes*sche Versuch leicht wiederholen. Vielleicht ist die Mitteilung von folgender Versuchsanordnung von einigem Interesse. Hält man möglichst dicht vor das offene oder geschlossene Auge einen vertikalen, wenige Zehntelmillimeter breiten Metallspalt und bringt dann den durch ein schwarzes Tuch verhüllten Kopf nahe an den Entladungsapparat, so bemerkt man nach einiger Übung einen schwachen nicht gleichmäßig hellen Lichtstreifen, der je nach der Stelle, wo sich der Spalt vor dem Auge befindet, eine andere Gestalt hat: gerade, gekrümmt oder kreisförmig. Durch langsames Bewegen des Spaltes in horizontaler Richtung kann man diese verschiedenen Formen allmählich ineinander übergehen lassen. Eine Erklärung dieser Erscheinung ist bald gefunden, wenn man daran denkt, daß der Augapfel geschnitten wird von einem lamellaren Bündel X-Strahlen, und wenn man annimmt, daß die X-Strahlen in der Netzhaut Fluoreszenz erregen können. –

Seit dem Beginn meiner Arbeit über X-Strahlen habe ich mich wiederholt bemüht, Beugungserscheinungen dieser Strahlen zu erhalten; ich erhielt auch verschiedene Male mit engen Spalten usw. Erscheinungen, deren Aussehen wohl an Beugungsbilder erinnerte, aber wenn durch Veränderung der Versuchsbedingungen die Probe auf die Richtigkeit der Erklärung dieser Bilder durch Beugung gemacht wurde, so versagte sie jedesmal, und ich konnte häufig direkt nachweisen, daß die Erscheinungen in ganz anderer Weise als durch Beugung zustande gekommen waren. Ich habe keinen Versuch zu verzeichnen, aus dem ich mit einer mir genügenden Sicherheit die Überzeugung von der Existenz einer Beugung der X-Strahlen gewinnen könnte.

Würzburg, Physik. Institut der Universität, 10. März 1897.

Wilhelm Conrad Röntgen

Biographischer Essay von Walther Gerlach

In den Jahren 1895–1905 werden die Grundlagen der neuen Physik unseres Jahrhunderts gelegt:

Im Winter 1895–96 entdeckt Wilhelm Conrad Röntgen in Würzburg »eine neue Art von Strahlen«, die von Vakuumröhren ausgeht, in welchen durch eine hohe elektrische Spannung Kathodenstrahlen erzeugt werden. Sie breiten sich geradlinig auf ihre Umgebung aus, zeigen aber abgesehen von dieser geradlinigen Ausbreitung keine der Eigenschaften der anderen bekannten physikalischen Strahlenarten; völlig neuartig war ihr hohes Durchdringungsvermögen durch alle Materie.

Anfang 1896 entdeckt Henri Becquerel in Paris, daß das chemische Element Uran spontan eine in ihrem Durchdringungsvermögen den Röntgenstrahlen vergleichbare Strahlung aussendet. Die Verfolgung dieser Beobachtung führte zur Entdeckung der Radioaktivität, zur Einschränkung des klassischen Atombegriffs und zu einer neuen Atomistik, der Kernphysik.

Im Herbst 1900 erbringt Max Planck in Berlin den theoretischen Beweis, daß die Ergebnisse der experimentellen Messung der Strahlung heißer fester Körper – also die Verteilung der Energie auf die Bereiche der infraroten, sichtbaren und ultravioletten Strahlen in Abhängigkeit von der Temperatur – mit den anerkannten Gesetzen der Wärme (der Thermodynamik) und des Lichts (der elektromagnetischen Lichttheorie) *nicht* wiedergegeben werden können. *Nur* die Einführung einer neuen, den bisherigen Vorstellungen widersprechenden Hypothese führt quantitativ zu den gemessenen Ergebnissen: Die Energie der Strahlung eines Hohlraums konstanter Temperatur besteht aus diskreten – quasi atomistischen – Energieelementen; ihre Größe ist gegeben durch die aus der klassischen Schwingungstheorie des Lichts folgende Frequenz n und eine universelle Konstante, die Planck das Wirkungsquantum h nannte. Die Energie einer Strahlung der Frequenz N kann also nicht beliebige Werte annehmen, sondern nur ganzzahlige Vielfache des Energieelements hn.

1905–06 zeigt der damals noch fast unbekannte Albert Einstein in Zürich, daß die vorliegenden Messungen über die Energieübertragung von Licht auf Elektronen dem Gesetz von der Erhaltung der Energie widersprechen. Der Widerspruch verschwindet, wenn jeder »Lichtstrahl« der Frequenz *n* (also ein monochromatischer Lichtstrahl) als eine Folge von atomistischen Planckschen Energieelementen, von »Photonen« der Energie *hn* angesehen wird: diese Photonenenergie setzt sich in die kinetische Energie *eines* abgelösten Elektrons um. Es ist die Begründung der Lichtquantentheorie. Aus ihr leitet Einstein eine erste Vorstellung über die Natur der Röntgenstrahlen als Photonen sehr hoher Frequenz ab. Voraussetzung für Einsteins Überlegung ist die 1898–99 von Joseph Thomson in Cambridge und Wilhelm Wien in Aachen erbrachte Klärung der Natur der Kathodenstrahlen, die Entdeckung des Elektrons, des elementaren Ladungsteilchens aller elektrischen Erscheinungen und damit der Anfang einer neuen Entwicklung der Lehre von der Elektrizität, der Elektronik.

Es folgte schließlich die Einführung von Plancks Wirkungsquantum in Bohrs Atomtheorie und dann, als Max Laue 1912 in München mit Hilfe von Interferenzversuchen die Wellennatur der Röntgenstrahlen entdeckt hatte, die Verbindung der Physik der Röntgenstrahlen mit der Lichtquantenvorstellung und der experimentelle Beweis der extremsten Fassung der Lichtquanten- oder Photonen-Theorie.

Der Beginn einer neuen Physik des 20. Jahrhunderts zeigt eine auffallende, weitgehende Parallele mit jenen Entdeckungen, die hundert Jahre vorher zur Entwicklung der neuartigen Physik des 19. Jahrhunderts geführt hatten: es ging dabei genau um die gleichen Problemkreise wie um 1900. 1800–01 hatten Wilhelm Herschel in England und Johann Wilhelm Ritter in Jena neuartige, unseren Sinnen nicht wahrnehmbare, nur über Instrumente erkennbare Strahlungen der Sonne entdeckt: das Infrarot und das Ultraviolett.

Das zweite Ereignis war eine experimentell bedingte neue Vorstellung über die Natur des Lichts. Vorherrschend war damals Newtons Vorstellung von – je nach der Farbe – verschieden großen Lichtkorpuskeln. Newton hatte auch gezeigt, daß das weiße Licht, etwa der Sonne, eine Summierung der »Spektralfarben« rot-gelb-grün-blau-violett ist; in dieses Farbenband, das kontinuierliche

Spektrum, wird es bei der Brechung in einem Prisma zerlegt. 1801 wies der Engländer Thomas Young darauf hin, daß gewisse (farbige) Lichterscheinungen sich leichter erklären lassen, wenn man als physikalische Form eines »Lichtstrahls« einen langen Wellenzug annimmt, dessen Wellen eine sehr kleine, von rot bis violett kontinuierlich abnehmende Länge haben. Young geht von folgendem Grundphänomen aus: blendet man aus dem Licht der Sonne durch einen Spalt einen schmalen Lichtstrahl aus, so verbreitert sich dieser hinter dem Spalt; auf einem hier hingestellten Schirm erscheint ein Lichtband, um so breiter, je größer der Abstand zwischen Spalt und Schirm ist; dieses Lichtband besteht aus mehreren symmetrisch zum Spalt liegenden gefärbten, von dunklen Teilen unterbrochenen Stücken. Zur Erklärung stellt Young das Interferenzprinzip auf: Von jedem Teil des beleuchteten Spalts gehen Lichtwellen nach allen Richtungen aus. So wird jeder Punkt des Schirms von Wellen getroffen, die verschiedene Abstände vom Spalt haben. Da ein Wellenzug aus einem periodisch folgenden Auf und Ab (wie bei der Wasserwelle sichtbar) besteht, können sich beim Zusammentreffen zweier oder mehrerer verschieden langer Wellenzüge ihre Auf- und Abbewegungen addieren oder aufheben: so entstehen auf dem Schirm helle und dunkle Bereiche.

Mit diesen und vielen anderen Interferenzversuchen errang nach fast zwanzig Jahren die Lichtschwingungshypothese den Sieg über Newtons Lichtkorpuskel-Hypothese. Es folgte die erste geschlossene Fassung aller bekannten optischen Erscheinungen in der mechanischen Ätherschwingungstheorie von Augustin Fresnel in Paris. Der Nachweis von Interferenzen – für die neuartigen Strahlungen Infrarot und Ultraviolett mittlerweile ebenfalls durchgeführt – wird das *experimentum crucis* für alle Wellentheorien.

1800 begann mit Voltas »Volta-Element« die Entdeckung der Phänomene des elektrischen Stroms und ihre Verbindung mit magnetischen Phänomenen, die ihren Abschluß in der Theorie des Elektromagnetismus fanden. Mit dem Nachweis der Ausbreitung elektromagnetischer Felder in Form elektromagnetischer Wellen – von Heinrich Hertz 1887–88 durch den Nachweis von Interferenzen entdeckt – wurde die mechanische Ätherschwingungstheorie des Lichts zur elektromagnetischen Schwingungstheorie der Strahlung.

Schließlich sei noch auf die erste rationale Einführung der alten Atomvorstellung in die Chemie durch den Engländer John Dalton verwiesen. Zur gleichen Zeit finden sich die ersten Andeutungen, daß Dämpfe chemischer Substanzen bei hoher Temperatur nicht wie glühende feste Körper alle Spektralfarben emittieren, sondern nur diskrete Spektrallinien, deren Farbe (Wellenlänge) mit der chemischen Natur des leuchtenden Dampfes zusammenzuhängen schien.

Neue Strahlungen, neue Lichttheorie, neue elektrische Phänomene, neue Atomistik bestimmen die Entwicklung der Physik des 19. Jahrhunderts. An seinem Ende steht die Vollendung der »klassischen Physik«: Elektromagnetismus und elektromagnetische Strahlungstheorie, Physik und Chemie der Materie auf der Grundlage unveränderlicher Atome und ihrer Bewegung sind die wesentlichsten Prinzipien. Wohl gab es noch da und dort weiße Stellen in dem Weltbild der Physik, aber an eine völlige Neuorientierung, an Phänomene grundsätzlich neuer Art dachte man kaum. Da kam eine neue nicht einzuordnende Strahlung, eine neue von Experimenten erzwungene Strahlungstheorie; die Klärung des Grundphänomens aller elektrischen, magnetischen und optischen Erscheinungen der Materie mit der Entdeckung des Elektrons; die Entdeckung der Radioaktivität und mit ihr eine völlig neuartige, mit der alten nichts mehr gemein habende Atomistik: Die Physik beginnt einen neuen Weg.

Entscheidend waren die experimentelle Entdeckung von Röntgen und die theoretische Hypothese von Planck. Röntgen und Planck sind weiten Kreisen bekannt: der eine durch eine segensreiche Entdeckung, welche so viele Menschen unmittelbar erfahren, dessen Namen durch das »Röntgen«, die Röntgendurchleuchtung und die Röntgentherapie, zu einem Begriff wurde; und der andere als ein verehrungswürdiger Gelehrter, als Begründer eines neuen Weltbildes der Physik, in welchem »das Quanteln« die Gültigkeit des alten Spruches *natura non facit saltum* aufhob – der eine als Wohltäter der Menschheit, der andere als geistiger Revolutionär, der den »Umsturz im Weltbild der Physik« herbeiführte.

Ihre größten Entdeckungen sind in jeder Weise voneinander unabhängig, nicht aber deren Folgen – und darauf kommt es auch bei ihrer Darlegung an. Denn Entdeckungen, Hypothesen, Theorien sind an sich noch keine Naturwissenschaft; hierzu bedarf es ihrer Verbindung aus verschiedenen Bereichen und der Erschließung neuer Erfahrensbereiche aus dieser. So kann eine Darstellung jener Entdeckungen von Röntgen und von Planck ohne Berücksichtigung dieser wechselseitigen Beziehung kein richtiges Bild liefern. Denn gerade Röntgenstrahlen- und Quantenphysik sind so besonders eindringliche Beispiele für dieses Charakteristikum der naturwissenschaftlichen Forschung, das oft nicht genügend beachtet wird. Die wissenschaftliche Bedeutung einzelner Entdeckungen liegt nicht im ersten Schritt in das Neuland, sie ist mit diesem auch meist gar nicht erkennbar, wie das die beiden hier vorliegenden Fälle sogar in recht extremer Weise zeigen: Plancks Wirkungsquantum bedurfte eines Einsteins zur vollen Erkenntnis seiner Tragweite, und Röntgens Entdeckung blieb ein interessantes Einzelergebnis, bis Laue die Natur dieser Strahlen klärte.

Und auch das gehört zu ihrem Verständnis: Plancks Idee brachte einen wirklich neuen Gesichtspunkt; Röntgens Strahlen erwiesen sich aber nicht als »eine neue Art von Strahlen«, sondern als ein neuer Wellenbereich des elektromagnetischen Spektrums, in dessen Eigenschaften allerdings ihr ganz besonderer Wert begründet liegt: ihre – verglichen mit den Lichtstrahlen – außerordentlich kleine Größe der Wellenlänge für die atomistische Physik der Materie und für die Technik, ihre sehr hohe Frequenz für die Konsolidierung der Quantentheorie.

»Wilhelm Conrad Röntgen, geboren 27.3.1845 zu Lennep (Rheinpreußen) erhielt im Jahre 1848 die holländischen Bürgerrechte und besuchte bis 1861 in dem Wohnort seiner Eltern, Apeldoorn (Holland), die Primär- und Sekundarschule, ward dann Schüler an der technischen Schule zu Utrecht (Holland), wo er bis 1863 hauptsächlich in folgenden Fächern unterrichtet wurde: Trigonometrie, Stereometrie, deskriptive Geometrie, Algebra, Experimentalphysik, Chemie, Technologie.«

So beginnt der einzige vorhandene, handgeschriebene ausführliche Lebensbericht Röntgens, den er undatiert als Curriculum vitae 1869 bei der Philosophischen Fakultät II der Universität Zürich einreichte[1]). Die Eltern waren bald nach seiner Geburt nach Holland ausgewandert, der Vater war Kaufmann in der Industrie, die Mutter, geb. Frowein, stammte aus Amsterdam. Im nordwestdeutschen Grenzgebiet ist der Name nicht selten, und manche Träger sind bekannt, wie der Kunsttischler, an den der Barbier in seiner Geschichte von der Neuen Melusine – in *Wilhelm Meisters Wanderjahren* – als den Verfertiger eines wundersamen mechanischen Kunstwerks erinnert: »Wer einen künstlichen Schreibtisch von Röntgen gesehen hat, wo mit einem Zug viele Federn und Ressorts in Bewegung kommen, Pult und Schreibzeug, Brief- und Geldfächer sich auf einmal oder kurz nacheinander entwickeln ...« Hier handelt es sich um Abraham und seinen Sohn David aus Neuwied. Ein anderer berühmter Röntgen ist der Ingenieur Gerhard Moritz aus Friesland (1795–1852), der als Offizier der holländischen Marine 1824 erstmals den Vorschlag machte, Schiffe aus Eisen zu bauen; nach diskussionsloser Ablehnung desselben ging er in die Industrie und erfand 1830 die Doppelexpansionsmaschine (mit unabhängigen Zylindern oder als Compoundmaschine), die erst dreißig Jahre später von Benjamin Normand für die Schiffahrt weiterentwickelt wurde, als G. M. Röntgen schon in einer Irrenanstalt in Harlem gestorben war. Unser Röntgen bemerkte einmal, daß Vorliebe und Fähigkeit für manuelles und konstruktives Arbeiten wohl ein Erbgut seiner Familie seien; doch ist eine direkte Verwandschaft weder mit jenen Kunsttischlern noch mit diesem Ingenieur nachzuweisen.

In Apeldoorn besuchte er die »Technische Schule«, aber zum Abschlußexamen kam es nicht; er wurde wegen eines zu seinen Ungunsten ausgelegten Vorfalls relegiert. Im Lebenslauf sagt er nichts davon, wohl aber zeigt dieser eine offenbar eingetretene Änderung seiner Berufspläne, welche den Unterricht in den klassischen Sprachen voraussetzte: »Indem er zur weiteren theoretischen Ausbildung Lust hatte, widmete er das Jahr 1863–64 dem Privatstudium der lateinischen Sprache und ließ sich im Jahr 1864 an der Universität zu Utrecht als Student bei der Philosophischen Fakultät einschreiben und hörte während zwei Semestern folgende Hauptfächer.« Nach Aufzählung derselben – Physik, Chemie, Botanik,

[1]) Aufbewahrt im Staatsarchiv Zürich unter U 110 e 1.

Zoologie – und der Dozenten fährt der Lebenslauf fort: »Nicht zufrieden jedoch mit dem Gang der Studien an genannter Universität wurde er durch den Ruf, den die Züricher Schule hat, bestimmt, dahinzuziehen und sich speziell der angewandten Mathematik zu widmen. Zu dem Zweck trat er an der Mechanisch-technischen Abteilung des eidgen. Polytechnikums ein.« Unter den »außer den obligatorischen Vorlesungen« belegten werden »mechanische Wärmetheorie Prof. Dr. Clausius; Elastizität und elastische Schwingungen derselbe« angeführt. Nach Angabe der neunzehn Prüfungsfächer – von analytischer Geometrie, Physik, Maschinenkunde bis zum Zivilbau – schließt der Lebenslauf: »Im August 1868 erhielt er das Diplom als Maschinen-Ingenieur und war von da an bis dato als Zuhörer von einigen mathematischen Vorlesungen am eidgen. Polytechnikum eingeschrieben.«

Mit der Inaugural-Dissertation *Studien über Gase* promovierte Röntgen am 22. Juni 1869 an der Universität Zürich zum Doktor der Philosophie. Es ist eine Literaturarbeit: Die Prüfung, wie genau und in welchem Druckgebiet alte französische Messungen von Regnault eine einfache thermodynamische Zustandsgleichung bestätigen – ohne Zweifel eine Folge des Studiums der Thermodynamik bei Rudolf Clausius, dessen ausgezeichnete Vorlesungen und dessen scharfes systematisches Denken ihn endgültig zur Physik geführt hatten[2]).

Die Zukunft Röntgens bestimmte freilich der Nachfolger von Clausius, August Kundt, der 1868 an das Zürcher Polytechnikum berufen wurde – ein begeisterter und seine Schüler begeisternder Physiker, ein Feuerkopf voll origineller Ideen. Er nahm Röntgen als Assistenten mit nach Würzburg, wohin er schon 1870 berufen wurde. Noch im gleichen Jahr erschien Röntgens erste Veröffentlichung im 141. Band der »Annalen der Physik«: *Über die Bestimmung des Verhältnisses der spezifischen Wärmen der Luft. Von Dr. W. C. Röntgen aus Holland.* Die früher fälschlich als Dissertation Röntgens bezeichnete Arbeit ist »angeregt durch Hrn. Prof. Kundt«, sie wurde noch in Zürich begonnen, aber dort nicht mehr beendet. Röntgen hatte einen experimentellen Fehler in den Mes-

[2]) Die Abhandlung ist nur als Dissertation erschienen (Zürich 1869, gedruckt von Zürcher und Furrer).

sungen von Kohlrausch nachgewiesen; seine eigenen Präzisionsmessungen machte er erst in Würzburg und veröffentlichte sie von Straßburg aus im Dezember 1872. Sie begründeten Röntgens Ruf als Präzisionsphysiker![3])

Die von Kundt gewünschte Habilitation Röntgens wurde von der Würzburger Universität abgelehnt, weil dieser kein humanistisches Abitur hatte. Kundt vertröstete ihn auf eine einsichtsvolle Haltung in Straßburg, wohin beide schon im Frühjahr 1872 übersiedelten. Am 13. März 1874 erfolgte die Habilitation, schon zum 1. April 1875 die Ernennung zum ordentlichen Professor in Hohenheim bei Stuttgart. An dieser landwirtschaftlichen Akademie fühlte er sich jedoch so unglücklich, daß er nach Straßburg zurückging, wo er am 5. Oktober 1876 zum außerordentlichen Professor ernannt wurde.

Aus dieser Zeit gibt es eine nette Reminiszenz an »Akademische Laufbahnsitten«. Der Universitätsreferent des Berliner Ministeriums ging, um sich ein Bild von dem für eine Berufung empfohlenen Röntgen zu machen, inkognito in seine Vorlesung. Sie war überfüllt, ein Hörer machte ihm ein Eckchen einer Bank frei. Auf die Frage, ob es hier immer so zugehe, klärte er den Referenten auf: »Oh nein; aber es soll heute jemand aus Berlin kommen, und da sollte der Hörsaal möglichst voll sein!«[4])

Immerhin: Schon am 1. April 1879, gerade vierunddreißig Jahre alt, übernahm Röntgen die ordentliche Professur in Gießen, die er bis Oktober 1888 führte. Er wandte sich nun von den thermischen Eigenschaften der Gase den mechanischen, thermischen und elektrischen Problemen der kondensierten Materie, d.h. der Flüssigkeiten und – seine Lieblingskinder bis in die letzten Jahre – der Kristalle zu. Ebenso intensiv und fruchtbar befaßte sich Röntgen mit den

[3]) Während der Würzburger Zeit heiratete Röntgen im Januar 1872 in Apeldoorn Anna-Berta Ludwig, die damals dreiunddreißigjährige Tochter eines früheren Jenenser Studenten, der 1830 wegen der Teilnahme an den Revolutionsversuchen in die Schweiz hatte fliehen müssen; Röntgen hatte sie in Zürich kennengelernt und sich 1869 dort mit ihr verlobt. Die Ehe blieb kinderlos, doch adoptierte das Paar später eine Nichte von Anna-Berta, Berta Ludwig (seit 1919 verh. Verta Donges-Röntgen, Würzburg), die in der Gießener Zeit in die Familie aufgenommen wurde. Damals holte Röntgen auch seine betagten Eltern aus Holland; sein Vater (gest. 1884) und seine Mutter (gest. 1888) sind in Gießen auf dem Alten Friedhof begraben, den auch der Forscher und seine Frau als ihre letzte Ruhestätte bestimmten.

[4]) Der Referent war Althoff.

von der Maxwellschen Theorie des Elektromagnetismus aufgeworfenen Problemen.

Auf beiden Gebieten schuf er nicht nur Neues, sondern auch bleibende Erkenntnisse für die Physik. Einer bedeutenden Entdeckung aus dem letzten Gießener Jahr gab der holländische Physiker Hendrik Antoon Lorentz den Namen »der Röntgenstrom«; sie allein hätte auch ohne die Entdeckung der Röntgenstrahlen den Namen Röntgen in der Geschichte der Physik lebendig gehalten, – es ist einer der nicht seltenen Fälle, in welchen eine einzelne, besonders spektakuläre Entdeckung die Bedeutung des gesamten Lebenswerks eines Forschers vergessen läßt. Hierüber sei zunächst berichtet, nicht zuletzt wegen der Bedeutung der Entdeckung und wegen des Einblicks, den sie und ihre Verfolgung in den wissenschaftlichen Charakter, in die Haltung Röntgens als Forscher gestattet.

Die nur fünf Druckseiten umfassende, von Helmholtz der Berliner Akademie vorgelegte Arbeit trägt den Titel: *Durch Bewegung eines im homogenen elektrischen Feld befindlichen Dielektrikums hervorgerufene elektrodynamische Kraft.* Wir sollten schon wissen, worin ihre Bedeutung besteht, müssen dazu aber ein wenig Physik einschalten. Auf Anregung von Maxwell und von Helmholtz hatte der amerikanische Physiker Henry Rowland die magnetische Wirkung eines bewegten elektrisch geladenen Metallkörpers gesucht: rotiert eine geladene Kreisscheibe oder ein geladener Ring um eine zu ihrer Ebene senkrechte Achse, so stellt die bewegte Ladung einen in sich geschlossenen elektrischen Konvektionsstrom dar. Rowland wies quantitativ nach, daß dieser in der Richtung der Rotationsachse, also senkrecht zur Richtung des Konvektionsstroms, ein Magnetfeld gleicher Größe erzeugt, wie es entstehen würde, wenn ein äquivalenter Leitungsstrom durch den ruhenden Metallkörper flösse.

Ohne theoretische Anregung, einzig auf Grund seines eigenen Studiums der damals noch problematischen Maxwellschen Theorie, stellte sich Röntgen die Frage, ob auch ein im elektrischen Feld bewegter Nichtleiter oder Isolator, als ein in diesem Feld »elektrisch-polarisiertes Dielektrikum«, einem Konvektionsstrom entspricht: Im elektrischen Feld zwischen zwei (plus und minus) geladenen Metallplatten rotiert eine dielektrische Scheibe; sie liefert ein magnetisches Feld, weil sie den einem elektrischen Leitungsstrom äquivalenten »Röntgenstrom« darstellt.

Eine Erweiterung brachte den Nachweis der magnetischen Wirkung des Maxwellschen Verschiebungsstroms, also jener für den Maxwellschen Elektromagnetismus entscheidenden neuartigen Vorstellung: Wird an einen Plattenkondensator über zwei Drähte eine Spannungsquelle angelegt, so fließt durch die Drähte elektrische Ladung, also ein elektrischer Strom, auf die Platten, während zwischen den Platten im beliebigen Dielektrikum das elektrische Kondensatorfeld entsteht. Solange der Ladungsstrom fließt, fließt nach Maxwell im Dielektrikum der »Verschiebungsstrom«, der das gleiche zirkulare Magnetfeld wie der Ladungsstrom um die Drähte erzeugen soll[5]).

Röntgen dachte bei der Ausführung seiner Versuche an viel tiefere Probleme als nur an spezielle Voraussetzungen der Maxwellschen Theorie, wobei um der historischen Klarheit willen bemerkt sei, daß die Hertzschen Wellenversuche damals gerade erst begannen, daß man noch nichts von einem Elektron wußte und daß es noch keine Elektronentheorie, noch keine »Optik bewegter Medien«, noch keine Relativitätstheorie gab. Röntgen hat seine weitgehenden Gedanken damals offen dargelegt: »Es wäre mir namentlich von großem Interesse gewesen, zu erfahren, ob dasjenige Medium, in welchem die dielektrische Polarisation stattfindet, die Bewegungen der ponderablen Teilchen vollständig mitmacht oder sich ähnlich

[5]) Eine direkte Konsequenz aus dieser Annahme ist, daß *während* der Umpolung eines elektrischen Kondensatorfelds in seinem Dielektrikum ein einseitig gerichteter Verschiebungsstrom fließt; denn Abnahme von (z. B.) Plus nach Null und folgende Zunahme von Null nach Minus bedeutet dauernde Richtung von Plus nach Minus. Um diesen als Dauerstrom zu erhalten, wird folgender Versuch erdacht. Zwei runde Metallplatten eines Kondensators werden durch einen schmalen Spalt in je zwei Halbplatten geteilt; an das eine Paar wird die Spannung plus-minus, an das andere die entgegengesetzt gerichtete, gleich große Spannung minus-plus gelegt. Eine dielektrische Scheibe rotiert zwischen den beiden Plattenpaaren; wo sie von dem einen in das andere Paar übertritt, muß also der Verschiebungsstrom fließen, nun als Dauerverschiebungsstrom, da wegen der Rotation in der Übergangsstelle vom einen zum anderen Plattenpaar eine Umpolung des Dielektrikums erfolgt. Das magnetische Feld dieses Verschiebungsstroms wird erst 1903 durch den russischen Physiker Alexander Eichenwald nachgewiesen – und in einer höchst bedeutungsvollen Untersuchung quantitativ erweitert, weshalb dieser Grundversuch der Physik als Röntgen-Eichenwald-Versuch in die Literatur einging.

wie der Lichtäther nach Fresnels Ansicht verhält. In der Tat sind die sich nach dieser Richtung eröffnenden Perspektiven [gemeint ist die Entscheidung zwischen mitgeführtem und ruhendem Lichtäther bei den Phänomenen der Optik und Elektrodynamik] zu verlockend, um nicht alles zu versuchen, was zu einem entscheidenden Resultat führen könnte. Indes blieben, wie schon gesagt, meine Bemühungen bis jetzt erfolglos.« Hierzu gehört unter anderem auch der 1888 gemachte Versuch, eine magnetische Wirkung des »Ätherwindes«, der infolge der Erdbewegung einen Kondensator durchströmen soll, nachzuweisen. Röntgen übertrug als erster das Problem der Einwirkung der Erdbewegung auf die Fortpflanzung des Lichts – der Michelson-Morley-Versuch begann 1887 – auf die Elektrodynamik. So ist verständlich, daß er – wir werden an anderer Stelle sehen: wie Planck[6]) – zu denjenigen gehört, die ihr Interesse sofort nach 1906 der Einsteinschen Relativitätstheorie gewidmet haben.

Wir haben diese Episode aus der Vorgeschichte der neuen Physik ausführlicher dargestellt, weil sie sehr eindringlich eine Seite von Röntgen zeigt, die wenig bekannt ist. Man kennt ihn meist nur als den meisterhaften Beherrscher der experimentellen Physik; er war aber auch der »Philosoph«, der einer rationalen Erfassung der letzten Grundlagen der damaligen Physik nachging, aus denen dann im Anfang unseres Jahrhunderts ihre akuten Probleme wurden. Man wundert sich vielleicht, daß Röntgen selbst in diese Fortentwicklung, in diese »Physik des Äthers«, nicht mehr eintritt. Wohl hat er es noch einmal von einer ganz anderen Seite aus versucht – und hierbei im November 1895 die »Neue Art von Strahlen« gefunden. Die äußeren Folgen dieser Entdeckung mögen dazu beigetragen haben, daß er sich noch mehr als in früheren Jahren in seine eigene Gedankenwelt zurückzog und die Entwicklung jener Probleme, in die nun eine größere Zahl von Physikern eingriff, nur noch beobachtend verfolgte.

Was die vielen anderen, in seinen fruchtbarsten Gießener Jahren

[6]) Vgl. W. Gerlach: Max Planck. In: Die Großen der Weltgeschichte. Herausgegeben von Kurt Faßmann u. a. Bd IX, Zürich 1970, S. 381–405. – Weiterhin sieh innerhalb dieser Reihe ›Naturwissenschaftliche Texte bei Kindler‹: Max Planck: Sinn und Grenzen der exakten Wissenschaft. Mit einem Nachwort herausgegeben von Fritz Krafft. München 1971.

aufgegriffenen und vielfach in eigenen späteren Untersuchungen oder von seinen Schülerinnen und Schülern weiterverfolgten Probleme betrifft, müssen wir uns auf Hinweise beschränken; wir werden dabei auf heute noch akute Fragen treffen. An erster Stelle stehen die Forschungen zur Kristallphysik: Quarz (»Bergkristall«), Kalkspat, Turmalin und Diamant waren besondere Lieblinge; der Zusammenhang ihrer mechanischen, thermischen, optischen, elektrischen Eigenschaften, in späteren Jahren auch deren Änderung durch die Einwirkung von Röntgenstrahlen, sind die Probleme.

Ein anderer wichtiger Problemkreis betraf die Änderungen der Eigenschaften von Flüssigkeiten durch hohe Drucke, wobei besonders die Entdeckung der Abnahme der Viskosität des Wassers bei hohen Drucken zu erwähnen ist: es wird immer leichtflüssiger. Röntgen war der erste, der die vielen Anomalien im Verhalten des Wassers durch die Annahme einer temperatur- und druckabhängigen Mischung zweier verschiedener Molekülarten zu verstehen versuchte und damit die heute noch lebendige Diskussion über die Konstitution dieser in Natur, Leben, Technik und Wissenschaft wichtigsten Flüssigkeit einleitete. Alle diese Arbeiten zeichnen sich nicht nur durch originell begründete Fragestellung und Versuchsanordnung, sondern auch durch die umsichtige, immer wieder extrem kritisch geprüfte experimentelle Bearbeitung aus. Arnold Sommerfeld erzählte, daß er einmal in Röntgens Labor kam, als dieser gerade an der Wand kratzte und dann schnell zu dem auf das Elektrometer gerichteten Fernrohr lief: »Ich habe da einen merkwürdigen Effekt – ich prüfe gerade, ob das einen Einfluß hat.« E vero, non trovato!

Am 1. Oktober 1888 übernahm Röntgen die Professur für Physik an der Bayerischen Universität Würzburg. Es war vergessen, daß ihn die Universität siebzehn Jahre vorher wegen des fehlenden humanistischen Abiturs als ungeeignet für die akademische Laufbahn abgewiesen hatte. Würzburg wurde die Universität, in der allein er sich zwölf Jahre lang glücklich fühlte. Damals war Würzburg »fast die einzige Universität, an welcher nur eine Professur für Physik besteht. Indessen hegen wir die begründete Hoffnung, daß dieser Ausnahmestellung demnächst ein Ende gemacht wird«. Dieser Satz steht in seiner Rede *Zur Geschichte der Physik an der Universität Würzburg*, die er als Rektor zum 312. Stiftungstag der Universität am 2. Januar 1894 hielt. Sie ist eine der wenigen gedruckten Äußerungen, die einen Einblick in Röntgens inneres Verhältnis zu seiner Wissenschaft erlauben; sie enthält auch auf Grund eines sorgfältigen Studiums alter Würzburger Archivakten mancherlei wissenschaftsgeschichtliche Einzelheit: So ist Würzburg »eine der allerersten Universitäten, an welcher sich die Trennung der Physik von der Philosophie durch die Errichtung einer besonderen Professur für Experimentalphysik unter der Regierung des Fürstbischofs Karl Philipp von Greiffenklau im Jahre 1749 auch äußerlich vollzog. Bald darauf, 1773, wurde von Fürstbischof Adam Friedrich von Seinzheim auch eine Professur für theoretische (mathematische) Physik gegründet, welche aber leider nach 25 Jahren wieder einging und seither nicht wieder errichtet wurde«. Die Sorge um eine Professur für theoretische Physik hat Röntgen zehn Jahre später in München noch einmal ernstlich beschäftigt. Als er 1900 dorthin berufen wurde, war noch kein Nachfolger für Ludwig Boltzmann berufen, die Stelle vielmehr durch einen Philologen besetzt. Die sofortige Berufung eines Theoretikers war eine Röntgen bei seiner Berufung zugesicherte, vom Ministerium nicht erfüllte Bedingung gewesen. Erst als er 1906 mit seinem Weggang nach Berlin oder Wien drohte, wurde Arnold Sommerfeld berufen; Röntgens erster Kandidat Hendryk Antoon Lorentz hatte abgelehnt. Sommerfeld war vielleicht der einzige Physiker, den mit Röntgen ein bis in den persönlichen Bereich gehendes Vertrauensverhältnis verband.

Dieses überzeugte wiederholte Eintreten für die theoretische Physik mag den verwundern, der Röntgen nur als Meister der experimentellen Physik kennt, der sich »der mathematischen Krücken für den leichteren Anstieg in die theoretischen Höhen« (Sommerfeld) nie bediente. Auch hier gibt die genannte Rektoratsrede einen Aufschluß, sein Gedenken an den großen Theoretiker Rudolf Emanuel Clausius, seinen Vorgänger auf dem Würzburger Lehrstuhl: er war es, der auf ihn durch seine mathematisch-theoretischen Vorlesungen den größten Eindruck gemacht und ihn zu seiner Dissertation angeregt hatte, die ihn dann mit August Kundt zusammenführte.

Die formvollendete Herausarbeitung der beiden Hauptsätze von Energie und Entropie in der Clausiusschen Thermodynamik, die Klärung physikalischer Grundelemente der Natur von allgemeinster Bedeutung hatte dem Zürcher Maschinenbaustudenten eine neue Welt eröffnet. So nennt der berühmte Experimentalphysiker in seiner Rektoratsrede nur die Theoretiker E. Neumann, W. Weber, H. Helmholtz, R. Clausius und G. Kirchhoff »recht mit Stolz das Strahlenfünfgestirn der deutschen Physiker«.

Das an Clausius bewunderte Streben nach letzter Klarheit hatte er sich in der experimentellen Erforschung der Natur als seine Aufgabe gestellt. Auch hierfür ist diese Rede aufschlußreich. Mit größter Gewissenhaftigkeit hatte Röntgen die Physik von Athanasius Kircher studiert, der von 1629–1631 der erste als Physiker zu bezeichnende Gelehrte auf dem Lehrstuhl der Philosophie in Würzburg war. Er war noch reiner Aristoteliker – »von dem Jesuitenpater dürfen wir nicht verlangen, daß er sich den Ideen Galileis anschließt; das war ihm verboten«; dennoch ist er »von der mächtigen Strömung seiner Zeit ergriffen«. Röntgen zeigt nun an vielen Beispielen, wie Kircher mit Scharfsinn, aber eben noch mit Voreingenommenheit und einem ihm schwer verständlichen Mangel an Kritik an mannigfache Probleme der Natur herangeht. Was er hier darlegt und an Folgerungen zieht, ist geradezu sein wissenschaftliches Glaubensbekenntnis; mit Betonung zitiert er den Satz, auf welchen er beim Studium von Kirchers Schriften stößt: »Die Natur läßt oft staunenswerte Wunder selbst an den gewöhnlichsten Dingen hervortreten, welche jedoch nur von Leuten erkannt werden, die mit Scharfsinn und zum Forschen geschaffenen Sinnen bei der Erfahrung, der Lehrmeisterin aller Dinge, sich Rat holen.«

Es gibt keinen besseren Leitsatz für die Erforschung der bald darauf entdeckten Röntgenstrahlen.

Als Röntgen Würden und Bürden des Rektorats abgelegt hatte, begann er wieder mit der Physik. Sein Problem war die Natur der Kathodenstrahlen. Wilhelm Hittorf hatte sie 1869 entdeckt, als er die Phänomene verfolgte, die beim Durchgang von hochgespanntem elektrischem Strom durch verdünnte Gase auftraten; er hatte sie als Mitarbeiter von Plücker und Geißler in Bonn kennengelernt.

Beim Übergang zu immer niedrigeren Drucken hörten die schönen farbigen Leuchterscheinungen auf, es blieb schließlich nur ein schwach leuchtender, von der Kathode ausgehender »Glimmstrahl« übrig; Eugen Goldstein nannte ihn einige Jahre später Kathodenstrahl. Hittorf schloß aus seinen Versuchen, daß dieser Glimmstrahl ein elementares Phänomen der Elektrizität sei, das zur Klärung des »letzten Imponderabiliums der Physik« führen werde. Aber nach Versuchen von Wiedemann und von Hertz in den achtziger Jahren und neuerdings von Lenard wurden sie etwas undefiniert als Erscheinungen oder Vorgänge »im Äther« bezeichnet, während vor allem in England eine mehr korpuskulare Vorstellung überwog.

Röntgen neigte offenbar der ersteren Auffassung zu, nachdem Helmholtz in den Kathodenstrahlen longitudinale elektromagnetische Stoßwellen und damit einen Zusammenhang mit Maxwells Theorie (und eine wohl erforderliche ziemlich tiefgreifende Änderung derselben) vermutet hatte. Röntgens Interesse an dieser Theorie kennen wir aus seiner Entdeckung des Röntgenstroms; es scheint kaum ein Zweifel möglich (obwohl ein Beleg fehlt), daß seine tiefgehende Beschäftigung mit dieser Theorie dann auch zur Entdeckung der Röntgenstrahlen geführt hat.

Seinen eigenen Worten zufolge wollte er sich die Kathodenstrahlversuche, die durch Lenard für ihn interessant geworden waren, einmal selbst ansehen.

Am Freitag, dem 8. November 1895, war er sich sicher, daß von den damals üblichen Entladungsstörungen nach Crookes, Hittorf und Lenard ein Agens ausging, welches durch feste undurchsichtige Körper hindurch Bariumplatincyanürkristalle aufleuchten ließ und die Photoplatte schwärzte. Etwas anderes weiß man über die Entdeckung nicht. Max Wien, damals Assistent von Röntgen, später Professor in Jena, hat mir und anderen wiederholt erzählt, daß in jenen Wochen im Institut über die Entdeckung nichts bekannt war; es sei immer Röntgens Grundsatz gewesen, über seine Arbeiten erst dann zu reden, wenn gesicherte Ergebnisse vorlagen; auch habe er stets allein ohne Hilfe gearbeitet, für die übrigens bei so einfachen Versuchen wie mit den Entladungsröhren wirklich keine Veranlassung vorlag. Es ist gar keine Frage, daß die Märchen, die nachher über die Entdeckung verbreitet wurden, eben Märchen waren. Fragen, mit welchen Röhren die Erscheinung zuerst beobachtet wurde, hat Röntgen nie beantwortet; vielleicht wußte er es selbst nicht mehr, und im übrigen ist dies völlig gleichgültig, da die neuen Strahlen bei allen Vakuumröhren auftreten müssen. In späteren Jahren übergab Röntgen ohne nähere Angaben dem Deutschen Museum in München vierzehn verschiedene Röhrentypen, die laut Röntgens damaligem Assistenten Ernst Wagner nach Anweisung seines Lehrers in München geblasen wurden – einige Typen sind mit Sicherheit erst nach der Entdeckung der Strahlen entwickelt worden. Nur eines steht fest: Die in der ersten, auf den 28. Dezember 1895 datierten Mitteilung beschriebenen Versuche erfolgten mit einer Entladungsröhre, in der die Kathodenstrahlen auf die der Kathode gegenüberliegende Glaswand auftrafen. Diese Stelle fluoresziert grün (eine lang bekannte Wirkung der Kathodenstrahlen), von ihr ging das neuartige unbekannte Agens aus[7]).

Röntgen war von Anfang an überzeugt, daß er etwas prinzipiell Neues gefunden hatte – alle Versuche, seine Entdeckung in den Bereich der bekannten Phänomene einzureihen, mißlangen. Er konnte experimentell beweisen, daß das Agens von einer Stelle des Glases (und nach einer späteren Feststellung auch eines Metalls) ausging, die von Kathodenstrahlen getroffen sein mußte, und sich geradlinig nach allen Richtungen, Luft und beliebige Körper durchdringend, ausbreitete. *Deshalb* nannte er es eine »Strahlung«. Aber er konnte an ihr keine der für andere Strahlungen charakteristischen Eigenschaften beobachten, weder reguläre Reflexion, Brechung, Zerstreuung (Beugung) noch Interferenz; und keine andere Strahlung hatte die sonderbaren Eigenschaften der X-Strahlen. So endete Röntgens erster Arbeitsbericht mit der zwar unter dem Vorbehalt weiterer Prüfung, aber doch recht bestimmt vertretenen Hypothese, die X-Strahlen seien wohl »die longitudinalen Schwingungen im

[7]) Röhren dieser Art wurden schon in der ersten Januarhälfte 1896 von Dr. Fromm, Assistent am Münchner Institut, für medizinische Knochenaufnahmen benutzt; sie wurden von der Glasbläserei Poeller in München hergestellt und als Röntgenröhren verkauft. Als ich 1929 das Münchner Institut übernahm, standen in einem Schrank vier solche birnenförmigen, etwa 25 cm langen Röhren; mit ähnlichen (nur aus Hartglas auf bessere Weise evakuiert und mit einem modernen Leuchtschirm) habe ich bis zu meinem Ausscheiden 1957 Jahr für Jahr in der großen Vorlesung alle Röntgenversuche einschließlich der Durchleuchtung der Hand im großen Hörsaal demonstriert.

Äther, welche außer den transversalen Lichtschwingungen vorkommen können und nach Ansicht verschiedener Physiker vorkommen müssen«.

Am 28.12.1895 geht diese vorläufige Mitteilung *Über eine neue Art von Strahlen* bei der Redaktion der Sitzungsberichte der Physikalisch-Medizinischen Gesellschaft in Druck; zu Neujahr verschickte er die nur fünf Seiten zählenden Sonderdrucke mit einigen handabgezogenen »Röntgenphotographien«, darunter eine Durchleuchtung der Hand, an eine Anzahl von Physikern. Nur eine spontane Reaktion ist gut verbürgt: Ferdinand Braun, damals schon ein angesehener Physiker, bald auch durch die Entdeckung der Braunschen Röhre und seine grundlegenden Untersuchungen zur drahtlosen Telegraphie weitbekannt, sagte kopfschüttelnd: »Bisher war der Röntgen doch ein ganz vernünftiger Mensch.«[8]) Es war wohl nicht die einzige Reaktion dieser Art.

Die erste öffentliche Bekanntmachung erfolgte in der Sonntagsausgabe der Wiener »Presse« am 5. Januar 1896. Der Wiener Physiker Franz Exner, einst Assistent bei Kundt zu Röntgens Zeit, hatte die Neujahrsmitteilung bei einer Abendgesellschaft seinem damals noch in Prag lehrenden Kollegen Ernst Lecher gezeigt; dieser schrieb seinem Vater, Redakteur der »Presse«, noch in der gleichen Nacht den Artikel *Eine sensationelle Entdeckung*. Wir werden an die Publicity unserer Zeit erinnert, wenn vorläufige (allzuoft auch voreilige) Mitteilungen über Entdeckungen erstmals durch Pressebüros bekanntgemacht werden – so übrigens schon 1609 geschehen! Denn die erste Mitteilung über Galileis Herstellung eines Fernrohrs und seine Vorführung vor der Signoria von Venedig als neues Mittel zur frühzeitigen Beobachtung herannahender feindlicher Schiffe im August 1609 erfolgte in den deutschen Mitteilungsblättern »Avisa« und »Relation« als »Zeitung aus Venedig den 6. September 1609«.

Der sachverständige Wiener Presseartikel ging umgehend und oft entstellt durch die Weltpresse, ergänzt durch phantastische Voraussagen und bald auch durch mehr oder weniger originelle Karikaturen. Schon am 13. Januar wurde Röntgen zur Vorführung der neuen Strahlen zu Kaiser Wilhelm II. nach Berlin befohlen; und am 26.

[8]) Zitiert nach Erzählung von Brauns Assistent Jonathan Zenneck; s.a. Kurylo: *Ferdinand Braun*. München 1965, S. 132.

Januar hielt er in Würzburg den – soweit mir bekannt – einzigen öffentlichen Vortrag, an dessen Schluß der Anatom Köllicker den Vorschlag machte, die X-Strahlen »Röntgenstrahlen« zu nennen. Der Name hat sich freilich nicht überall eingebürgert.

Die Sensation war nicht so sehr die in der damaligen Physik eigentlich unerwartete Entdeckung von etwas Neuartigem mit unverstehbaren Eigenschaften; sie lag vielmehr in den von Röntgen beschriebenen und belegten Anwendungsmöglichkeiten der neuen Strahlen, etwa die auf ihrer Fähigkeit, organische Gewebe und Knochen verschieden stark zu durchdringen, beruhende Photographie der inneren Zusammensetzung der Hand: die Handknochen erscheinen dabei als tiefe Schatten innerhalb der schwächeren Schattenfläche der ganzen Hand. Ähnlich die Aufnahme einer geladenen Jagdflinte: in den mäßig dunklen Schatten der »Damastläufe« sieht man die tiefen Schatten der Kugeln mit Einzelheiten der Patronen, einige Materialfehler der Läufe als aufgehellte Stellen und sogar die durch eine eingeschlagene Zahl geänderte Dicke des Laufs.

Ich weiß nicht, ob wir uns heute noch die tiefe Erregung vorstellen können, die Eingeweihte und Laien bei dem Gedanken ergriff, daß das Innere beliebiger fester, undurchsichtiger Körper durch ihre »Durchleuchtung« mit Röntgenstrahlen erschlossen werden kann. Daß auch dieser neuen, dem Menschen geschenkten Fähigkeit Grenzen gesetzt sind – Grenzen, die in der Natur der Strahlen und in der Technik ihrer Erzeugung und Verwendung liegen – ergab sich bald; aber aus der ersten Zeit gibt es Beispiele für eine nicht geringe Verwirrung der Gedanken, auch in der Physik. Nur so kann man den Versuch verstehen, der im Cavendish Laboratory in Cambridge gemacht wurde, ob die Hertzschen oder die Röntgenstrahlen besser durch Hauswände hindurchgehen; oder im täglichen Leben das Verbot der Wiener Polizei, Versuche mit Röntgenstrahlen in öffentlichen Vorträgen vorzuführen.

Zunächst entwickelte sich – mit heute üblichen Wörtern gesagt – die zerstörungsfreie Grobstruktur-Röntgenanalyse: als medizinische Röntgendiagnostik von lebenden Körpern und als Röntgen-Materialprüfung technischer Objekte. Es waren vor allem medizinische Aufnahmen von Knochenbrüchen, Steckschüssen und dergleichen, die von Physikern und bald auch von Medizinern veröffentlicht wurden; etwa fünfhundert Publikationen erschienen allein in dem einen Jahr 1896. Man konnte solche Aufnahmen ja praktisch mit jeder Vakuumröhre machen. Technische Materialuntersuchungen erforderten schon viel größere Mittel, besonders (nach Röntgens Bezeichnung) »Harte Röhren« und »Harte Strahlen«. Sie gelangten deshalb erst später, nach der Entwicklung der Röntgentechnik, zu praktischer Bedeutung. Wir wollen hier ein Wort darüber einschalten, weil die heutige Röntgen-Materialprüfung ohne sie undenkbar ist. Von entscheidender Wichtigkeit waren nicht so sehr die elektrotechnischen Mittel zur Herstellung sehr hoher Spannungen in der Größenordnung von 100000 Volt für die Erzeugung der Kathodenstrahlen, eher schon die erforderlichen technischen Sicherheitsmaßnahmen und der Bau solcher transportabler Hochspannungsanlagen; die größten Probleme stellte vielmehr die Entwicklung von Röntgenröhren, die einer Dauerbelastung von 100 oder einigen 100 Watt ohne Änderung des erforderlichen hohen Vakuums standhielten. So kann man von einer eigentlichen Röntgenröhrentechnik erst nach der Entwicklung der Vakuumtechnik reden, die 1905 mit der Erfindung der rotierenden Quecksilberpumpe durch Wolfgang Gaede begann.

Als zweiter Schritt folgte der Übergang von der »selbständigen Gasentladung«, also der Erzeugung der Kathodenstrahlen durch hohe Spannungen, zur »unselbständigen Gasentladung«, also zur Erzeugung einer großen Zahl von Kathodenstrahlteilchen oder Elektronen durch glühende Kathoden und zur Beschleunigung dieser Elektronen durch die angelegte hohe Spannung. Wiederum war diese »Glühkathodentechnik« nicht durchführbar, ohne die neuartigen Hilfsmittel der Vakuumtechnik, besonders die schnellarbeitenden und niedrige Drücke herstellenden Pumpen. Man übersieht leicht, daß weiteste Bereiche nicht nur der gesamten naturwissenschaftlichen Forschung, sondern auch der unser tägliches Leben bestimmenden Technik ohne die Vakuumtechnik undenkbar sind.

Für eine einfache medizinische Röntendiagnostik genügten, wie schon gesagt, einfache Kathodenstrahlröhren und Hochspannungserzeuger. Allerdings benötigte man anfangs Belichtungszeiten der Größenordnung von 10 Minuten bis 1 Stunde und machte hierbei merkwürdige Erfahrungen; so fielen die Haut- oder Kopfhaare aus.

Mit der leider auch heute noch immer wieder vorkommenden Unbekümmertheit in der medizinischen Anwendung neuer Mittel pries man den schönheitserpichten Frauen die enthaarende Wirkung der Röntenstrahlen an. Doch bald zeigten sich die ersten Strahlungsschäden, die schwer oder nicht heilenden »Röntgenverbrennungen«. Es gab Wissenschaftler, die so erschrocken waren, daß sie die Vernichtung aller Röntgenröhren forderten, ja sogar die Verpflichtung, nie wieder solche Strahlen zu erzeugen; wir werden dabei an aktuelle Diskussionen über die technische Nutzung radioaktiver Strahlen und der Atomkernenergie erinnert.

Glücklicherweise kam es weder zur Vernichtung der Röhren noch zum Verbot der neuen Strahlen. Man untersuchte Art und Ursache der Schäden, woraus sich neben grundsätzlichen biologischen Erkenntnissen die unendlich segensreiche Röntgenstrahlentherapie entwickelte und zudem die Sicherung gegen Röntgenschäden bei der medizinischen und technischen Verwendung dieser Strahlen. Bis es aber soweit war, haben viele der Mediziner, Ingenieure und Forscher, die diese Pionierarbeit leisteten, unheilbare, ja tödliche Schäden erlitten.

Während Röntgenmedizin und Röntgentechnik schon – soweit es bei der Unkenntnis über die Natur der Strahlen überhaupt möglich war – beachtliche Erfolge zu verbuchen hatten, war die Physik der Röntgenstrahlen selbst ein Stiefkind geblieben. Nicht aber die Röntgenstrahlen in der Physik: Ihre Entdeckung führte zu bedeutungsvollen Entdeckungen ganz anderer Art. Über die Natur der Röntgenstrahlen gab es einige Hypothesen: Röntgens Hypothese der longitudinalen elektromagnetischen Wellen, Kettelers sofort publizierter Hinweis, daß die neuen Strahlen sehr kurzwellige (hochfrequente) transversale Lichtstrahlen, also ultra-ultraviolettes Licht sein könnten, womit Röntgens negative Ergebnisse beim Suchen nach Brechung und Interferenz mit den herkömmlichen optischen Methoden verständlich seien; auch die späteren Hypothesen Röntgens und Lenards über ein neuartiges »Spektrum«, dessen beiderseitige Enden Kathoden- und Röntgenstrahlen seien. Sie alle gaben keinen Anhaltspunkt für die Klärung der physikalischen Art der Strahlen und blieben deshalb fruchtlos.

Henri Becquerel in Paris hatte eine andere Idee: Er ging davon aus, daß die Röntgenstrahlen von jener Stelle des Glases einer Entladungsröhre emittiert werden, die durch den Aufprall der – ihrer Art nach damals ja noch unbekannten – Kathodenstrahlung fluoresziert, und er vermutete einen direkten Zusammenhang zwischen dieser optischen Lichtfluoreszenz und den X-Strahlen. Becquerels Arbeitsgebiet war die helle Fluoreszenz von Uransalzen, erregt durch Sonnenlicht. Er prüfte, ob auch diese grün fluoreszierenden Salze die neue, alles durchdringende X-Strahlung emittierten – und fand diese in der Tat photographisch. Aber nach einem Vierteljahr hatten ihn kritische Nachprüfungen gelehrt, daß jene Salze auch ohne Fluoreszenzerregung strahlen, ja daß alle uranhaltigen Körper eine durchdringende Strahlung aussenden; und nach zwei Jahren hatten Pierre und Marie Curie eine mehr oder weniger durchdringende Strahlung auch bei zwei neugefundenen chemischen Elementen, genannt Polonium und Radium, beobachtet, ebenso bei dem schon so lange bekannten Element Thorium.

Eine falsche Vorstellung von einem neuentdeckten, unverstehbaren Phänomen hatte zur Entdeckung einer noch geheimnisvolleren Erscheinung geführt: den X-Strahlen irgendwie ähnliche Strahlen werden von chemischen Elementen unserer Erde spontan, ohne eine ersichtliche Ursache (physikalisch formuliert: ohne ein erkennbares Energieäquivalent) emittiert. Um den Energiesatz zu retten, griff man in anderer Weise auf die Fluoreszenz zurück: Genau so wie ultraviolettes, also unsichtbares Licht viele Substanzen zur Fluoreszenz in sichtbarer Strahlung erregt, sollte eine unbekannte kosmische Strahlung gewisse Elemente wie Uran, Radium, Polonium, Thorium zur Aussendung der noch unbekannten X-Strahlung aktivieren: *La radioactivité* taufte Mme. Curie deshalb diese Erscheinung.

Schon nach einem weiteren Jahr, im Januar 1899, deuteten Julius Elster und Hans Geitel, das berühmte Wolfenbütteler Gymnasiallehrerpaar, die Strahlung ganz anders: als eine Energie, welche als Strahlung noch unbekannter Art bei der Umwandlung einer Atomart in eine andere Atomart abgegeben wird; nach weiteren drei Jahren war die Elementumwandlung durch Rutherford und Soddy gesichert, die Natur von zwei radioaktiven Strahlungen – Alpha und Beta genannt – geklärt, eine dritte, Gamma genannt, als eine

Albert Einstein über einen Zusammenhang zwischen Kathodenstrahlenergie und Entstehung und Wirkung von Röntgenstrahlen.

Die mit der Entdeckung des Elektrons eingeleitete physikalische »Elektronik« – dieser Begriff wurde 1905 von Johannes Stark geprägt – hatte zu neuen Versuchen über den lichtelektrischen oder Photoeffekt, also die Auslösung von Elektronen aus Metallen durch Bestrahlung mit Licht, geführt. Ergebnisse von Philipp Lenard, daß die kinetische Energie dieser Elektronen mit abnehmender Wellenlänge (also zunehmender Frequenz) des sie auslösenden Lichts zunimmt, waren nach Einstein nur zu verstehen durch die eingangs erwähnte grundsätzliche Erweiterung der höchst sonderbaren Planckschen Hypothese über die aus atomistischen Energie-Elementen zusammengesetzte Hohlraumstrahlungsenergie[9]).

Die kinetische Energie durch Licht ausgelöster »Photo«-Elektronen (Ladungsgröße e) erwies sich also so groß, als ob diese beim Durchlaufen einer elektrischen Spannungsdifferenz von einigen wenigen Volt (V) beschleunigt worden wären – zahlenmäßig $e \cdot V$ Elektronenvolt. Diese Energie entspricht zahlenmäßig der »Quanten-Energie« $h \cdot n$ des sie auslösenden Lichts: dieses bestehe demnach aus Photonen oder Lichtquanten, deren Energie sich in kinetische Energie der Elektronen umsetzt.

Hieraus ergab sich die Konsequenz für das Problem der Röntgenstrahlen. Denn auch diese lösen aus Materie Elektronen aus, die aber eine erheblich größere Energie als die Photoelektronen haben – als ob die Röntgenstrahlen Lichtquanten von sehr hoher Frequenz wären. Zu der gleichen Folgerung führt die Umkehrung dieser Überlegung: Röntgenstrahlen werden ja erregt, wenn Elektronen sehr großer Energie – Kathodenstrahlen von beispielsweise 50000 Volt – auf Materie auftreffen. Wenn sich also auch Elektronenenergie in der Materie in Lichtquanten umsetzt, so sollte deren Energie nach der Einsteinschen Quantenbedingung $e \cdot 50000$ Elektronenvolt sein, die Frequenzen der Röntgenstrahlen also rund 10000 mal größer (oder die Wellenlängen 10000 mal kleiner) als die des gewöhnlichen Lichts.

[9]) Die Grundlagen der Einsteinschen Überlegungen wurden in dem Beitrag *Max Planck* [a.a.O., vgl. Anm. 6] behandelt, weil sie den entscheidenden Durchbruch zur generellen Quanten-Theorie brachten; hier genügt ihre Anwendung auf die Physik der Röntgenstrahlen.

Damit wäre es verständlich gewesen, daß die üblichen optischen Versuche zum Nachweis von Wellen der Röntgenstrahlen versagen mußten; einige nunmehr mit entsprechend modifizierten Versuchsanordnungen durchgeführte Experimente schienen auch auf solch kurze Wellen hinzudeuten, waren aber nicht beweiskräftig – und konnten das, wie man erst später einsah, auch nicht sein.

Mit der neuen Hypothese stimmte die frühe Röntgensche Feststellung völlig überein, daß die Röntgenstrahlen um so durchdringender (»härter«) waren, je größer die Elektronenvolt-Energie der Kathodenstrahlen war, mit denen sie erregt wurden. Aber auch dann war die Natur der Röntgenstrahlen noch nicht entdeckt. Die Entscheidung fiel auf ganz anderen Wegen, und wiederum durch das Experiment.

Am 8. Juni 1912 legte Arnold Sommerfeld in der Sitzung der Bayerischen Akademie der Wissenschaften eine von Laue, Friedrich und Knipping verfaßte Abhandlung über *Interferenz-Erscheinungen mit Röntgenstrahlen* vor[10]). Sie hat eine kurze, aber interessante Vorgeschichte.

Max Laue, damals Privatdozent für theoretische Physik, hatte als Schüler von Max Planck vor allem Probleme der theoretischen Optik behandelt. Da er sich in Berlin nicht wohl fühlte, hatte Planck 1909 Sommerfeld gebeten, Laue in seinen Münchner Arbeitskreis aufzunehmen, zu dem auch Peter Debije und bald darauf Peter Paul Ewald gehörten.

Sommerfeld hatte sich schon länger mit der Natur der Röntgenstrahlen befaßt. Erscheinungen, welche sich beim Durchgang von Röntgenstrahlen durch einen keilförmigen Spalt von außerordentlich kleiner Öffnung gezeigt hatten und quantitativ von Röntgens Assistenten Peter Paul Koch ausgemessen worden waren, konnten als Interferenzphänomene von Röntgenstrahlen gedeutet werden, wenn man eine Wellenlänge von der Größenordnung annahm, die Einstein aus seiner Lichtquantenhypothese vorausgesagt hatte. Laue, der gerade das erste Lehrbuch der Relativitätstheorie geschrieben hatte, begann die »Wellenoptik« für die große Enzyklo-

[10]) *Interferenzerscheinungen mit Röntgenstrahlen. Theoretischer Teil von M. Laue, Experimenteller Teil von W. Friedrich und P. Knipping.* In: *Sitzungsberichte der Bayerischen Akademie der Wissenschaften,* Jg. 1912, S. 303–23.

pädie der Mathematischen Wissenschaften zu verfassen; 1911 heiratete er, und das junge Ehepaar pflegte in seiner Wohnung lebhaften Verkehr mit anderen jungen Physikern. Ewald hatte von Sommerfeld eine schwierige Aufgabe erhalten: die Berechnung der optischen Eigenschaften eines Körpers, dessen »Resonatoren« – hypothetische Elemente desselben, welche von Lichtwellen erregt werden und diese wieder abstrahlen – in einer Art Raumgitter in regelmäßigen, aber nach den drei Koordinatenrichtungen verschiedenen Abständen geordnet sind. Es ist keine Frage, daß das von dem Münchner Kristallographen Paul Groth damals bearbeitete und viel diskutierte Problem der Physik der Kristalle die Veranlassung zu solchen Fragen gab. Denn es gab eine alte Hypothese von Bravais, daß die Kristalle aus regelmäßig angeordneten »Atomen« bestehen; die bisherigen Theorien betrachteten sie aber als Kontinuum. Außerdem hatte Röntgen sich seinem alten Lieblingsgebiet, der Physik der Kristalle, wieder voll zugewendet.

Wellenoptik und Kristalle waren also in München ein zentrales Thema. Als Ewald eines Abend im Januar 1912 auf dem Weg zu Laues Wohnung wegen der merkwürdigen Ergebnisse seiner Rechnungen dessen Rat haben wollte, fragte Laue nach den Abständen der »Resonatoren im Kristall«. Ewald meinte, die seien vielleicht tausendmal kleiner als eine Lichtwelle und deshalb für seine Theorie unwesentlich. In der folgenden Abendunterhaltung bestand Laue auf seiner Frage und ergänzte sie: Was geschieht, wenn viel kürzere Wellen durch den Kristall hindurchgehen? Ewald wies auf seine Formeln hin, die für alle Wellenlängen gültig seien – aber Laue ging gar nicht mehr darauf ein, und Ewald mußte seine Dissertation ohne die erhoffte Lauesche Beratung abgeben.

Der Gedanke, der Laue beherrschte, war der: *Wenn* wirklich in einem Kristall Atome in regelmäßigen Abständen jener Größenordnung – hundertmillionstel Zentimeter – angeordnet sind und *wenn* Röntgenstrahlen wirklich die aus Einsteins Quantenhypothese abgeleiteten Wellen mit Wellenlängen von Bruchteilen jener Größenordnung sind, so müssen beim Durchgang von Röntgenstrahlen durch Kristalle Interferenzerscheinungen auftreten.

Was sind Interferenzen, und was bedeuten sie? Das optische Analogon sind die zuerst von Joseph Fraunhofer 1824 nach der Interferenztheorie von Thomas Young 1801 behandelten Phänomene beim Durchgang von Licht durch sehr feine Gitter oder durch Seidengewebe. Dabei treten die bekannten, leicht zu beobachtenden Erscheinungen auf: Blickt man etwa durch das Gewebe eines Regenschirms auf eine weiß leuchtende Straßenlaterne, so sieht man statt der einen Lampe zahlreiche diskrete, helle farbige Flecken in symmetrischer Anordnung; Abstände und Symmetrie derselben hängen eindeutig von der Größe der Gewebemaschen und der Gewebesymmetrie ab. Nach der Theorie von Thomas Young, Arzt, Physiker und Entzifferer der Hieroglyphen des Steins von Rosette, handelt es sich um Interferenzen des Lichts: Lichtwellen müssen lange Wellenzüge sein; werden diese von den Fasern des Gewebes in unser Auge abgelenkt, so ändert sich die Länge des Lichtweges von Faser zu Faser bis zu unserem Auge. Da eine fortschreitende Welle ein periodisches Auf und Ab ist, so muß in manchen Richtungen das Auf und Ab der von verschiedenen Fasern kommenden Wellenzügen synchron erfolgen: sie addieren sich, das Auge sieht in diesen Richtungen hell. In dazwischen liegenden Richtungen wird das Auf und Ab eines Wellenzuges mit dem Ab und Auf eines anderen zusammenfallen; in diesen Richtungen heben die Wellen sich auf, das Auge sieht in ihnen kein Licht. Diese auf dem Zusammenwirken verschieden langer Lichtstrahlen beruhenden Erscheinungen heißen die »Interferenz des Lichts«. Hell und dunkel folgen als diskrete Flecken aufeinander in um so größeren Abständen, je feiner das Gewebe ist. Da die Flecken gefärbt sind (was bedeutet, daß hell und dunkel der verschiedenen, in dem weißen Licht enthaltenen Farben unter verschiedenen Richtungen erscheinen), müssen die verschiedenen Farben verschieden große Wellenlängen haben. Young gab damit zum erstenmal die physikalische Erklärung der Farben. Da der Wegunterschied des Lichts von Raser zu Faser bis zu unserem Auge sehr klein ist, müssen auch die Lichtwellenlängen sehr klein sein. Die mathematische Durchführung dieses Interferenzprinzips lehrt, daß die Faserabstände ein nicht zu großes Vielfaches der Lichtwellenlänge sein müssen: die Größe der Wellenlänge läßt sich aus dem Abstand der Interferenzen und der Fasern im Gewebe berechnen.

Interferenzen beweisen also die Wellennatur einer Strahlung. Ihr

Abstand und ihre Symmetrie liefert bei bekannter Wellenlänge die Struktur des Gewebes. Mit solchen Interferenzen waren schon die Wellennatur und die Größen der Wellen für die ultraroten, sichtbaren, ultravioletten und Hertzschen »elektrischen« Strahlen nachgewiesen worden: also mußte man einen Röntgenstrahl durch einen Kristall hindurch auf eine Photoplatte fallen lassen. Ist er ein Wellenvorgang, und entspricht die Struktur der Atomanordnung den Bravaisschen Vorstellungen, so müssen sich genau die gleichen Erscheinungen zeigen wie bei dem durch das Gewebe des Regenschirms gegangenen Licht.

Beim Schilaufen der Münchner Physiker in den Osterferien 1912 erzählte Laue diesen Gedanken unter anderen Sommerfeld und Willy Wien, die nur Argumente gegen Laues Idee hatten. Aber er gab nicht nach. Weitere Diskussionen in München führten schließlich zu dem Entschluß, doch den relativ einfachen Versuch zu machen, was eine bessere Entscheidung als die ewigen Diskussionen bringen würde. Röntgen reagierte ablehnend: er hätte ja doch Kristalle mit Röntgenstrahlen durchstrahlt und nichts gefunden! Trotz dieses Urteils der Autorität war Walther Friedrich, Schüler von Röntgen und damals Assistent bei Sommerfeld, sofort bereit; Paul Knipping, der gerade bei Röntgen seine Dissertation abgeschlossen hatte, sollte helfen, weil Sommerfeld nur ungern sah, daß »sein« Friedrich die ihm übertragenen anderen Röntgenstrahlversuche wegen dieser höchst problematischen Sache vernachlässigte.

Die Versuche wurden in einem Kellerlabor unter Sommerfelds Institutsräumen im rechten Flügel des Amalienstraßenbaus des Hauptgebäudes der Ludwig-Maximilians-Universität ausgeführt. Laue und Friedrich waren sich über die Durchführung des Versuchs keineswegs einig; jener meinte, man müsse die Interferenzen im Bereich der vom Kristall zurückgestreuten Strahlen suchen, dieser glaubte an einen Erfolg mit Strahlen, die durch eine Kristallplatte hindurchgegangen waren. Ganz verschieden waren auch die Meinungen, ob das eventuelle Auftreten von Interferenzen überhaupt etwas über die Röntgenstrahlen selbst aussage: ob die primären Röntgenstrahlen nach ihrer Zerstreuung durch die Atome des Kristalls Interferenzen erzeugen, oder ob die primären Röntgenstrahlen als eine Stoßstrahlung, als elektromagnetische Impulse erst die

Atome des Kristalls zu einer sekundären durchdringenden Wellenstrahlung erregen, die zu Interfererenzerscheinungen führen könne. Da man wußte, daß schwere Atome zu einer besonders starken sekundären »charakteristischen« Röntgenstrahlung erregt werden, nahm man Kristalle, welche schwere Atome hatten (Kupfersulfat, Zinkblende). Alles das wurde erst viel später geklärt: man vergißt so oft, daß gerade große Entdeckungen aus sehr unsicheren, gar irrtümlichen Vorstellungen sich mühevoll entwickeln, wie wir das schon für die Radioaktivität darlegten.

Friedrich und Knipping führten die Versuche allein aus; Groth lieh ihnen Kristalle, und schon nach wenigen Tagen stand das Ergebnis fest: Aus der Strahlung einer Röntgenröhre war durch Bleiblenden ein kreisrunder Strahl von wenigen Millimetern Querschnitt ausgeblendet; er lief durch eine Kristallplatte, hinter der im Abstand von einigen Zentimetern eine Photoplatte stand. Der auf der photographischen Platte als geschwärzter Kreis erscheinende, geradlinig durch den Kristall gegangene Strahl war umgeben von zahlreichen symmetrisch angeordneten, kleinen und kreisförmigen Schwärzungen; die Symmetrie war von der Art des Kristalls abhängig. Der Röntgenstrahl hatte im Kristall die gleiche Veränderung erfahren, wie der Lichtstrahl beim Durchgang durch das Regenschirmgewebe! Es war kein Zweifel, daß es sich um eine Interferenz der Röntgenstrahlen beim Durchgang durch das Kristallgitter handelte. Laue vollendete die Theorie für ein dreidimensionales Raumgitter (statt des zweidimensionalen Regenschirmgitters).

Beim Betrachten der ersten Aufnahmen, die nur Andeutungen der Interferenzen zeigten, war Röntgen noch sehr skeptisch, konnte aber keinen Einwand gegen die experimentelle Durchführung finden. Als die Interferenzaufnahmen eindeutig waren, machte der Erfolg auf ihn einen tiefen Eindruck; er überließ zwar den Vortrag darüber in der Akademie Sommerfeld, weil der Versuch ja in dessen Institut ausgeführt worden war, sprach aber selbst über die große Bedeutung dieser Entdeckung. Schon ein Jahr später erschien ein neuer »Experimenteller Beitrag zur Interferenz der Röntgenstrahlen« von Röntgens Assistent Ernst Wagner zusammen mit Röntgens Schüler Richard Glocker, der als Röntgens letzter Doktorand 1915 über dieses Thema promovierte.

Laue teilte seine Entdeckung in origineller Art seinen näheren Bekannten mit: Sie erhielten, von alldem nichts ahnend, am Tag der offiziellen Veröffentlichung in der Bayerischen Akademie ohne weitere Erklärung eine Postkarte mit einer Photographie der beschriebenen Kristallinterferenzen – ob sie sagen könnten, was diese darstelle. Ich weiß nicht, ob jemand dieses Bilderrätsel löste; im Tübinger Institut, an dem ich damals bei Friedrich Paschen arbeitete, war es niemand gelungen.

Laue verließ schon Ende des Semesters München, er hatte den Lehrstuhl für Theoretische Physik in Zürich bekommen. Seine Sorge war, wie er dort die Mittel für die Fortsetzung der Versuche bekommen könne. Ich habe einen Brief Laues vom 2.8.1912: »1.000 fr. hat die Regierung bewilligt, 2000 M stellt mir die Berliner Akademie zur Verfügung. Aber ich brauche mindestens das Dreifache. Alle zehn Tage ist eine Röntgenröhre für 130 Mark aufgebraucht; im besten Fall gelingen drei Aufnahmen mit ihr.« Auch solche Notizen gehören zur Geschichte der Wissenschaften.

Siebzehn Jahre hatte es gedauert, bis das Rätsel der Natur der Röntgenstrahlen geklärt wurde – durch eine geniale Idee und ihre in wenigen Wochen meisterhaft durchgeführte experimentelle Prüfung und Bestätigung: Sie sind wie das Licht transversale elektromagnetische Schwingungen, aber ihre Wellenlängen sind von zehntausendmal kleinerer Größenordnung als die des sichtbaren Lichts.

Jetzt erst entfaltete sich in vorher nicht erahnter Weise die Bedeutung der Röntgenstrahlen in der Physik, in allen Naturwissenschaften und in der Technik. Den ganz entscheidenden, alle etwaigen Zweifel beseitigenden nächsten Schritt machten 1913 der englische Physiker William Henry Bragg und sein Sohn William Lawrence Bragg, damals noch Student der Mineralogie. Zunächst ergab sich, daß die Laue-Interferenzen von den primären Röntgenstrahlen stammten und nicht von einer in den Kristallatomen erregten sekundären Strahlung. Die Braggschen Versuche zeigten, wie man mit jedem einfachen Kristall bekannter Struktur das gesamte Spektrum der Röntgenstrahlen erhalten, quantitativ analysieren und mit den hierbei erhaltenen Ergebnissen die Strukturen, die Bauprinzipien aller, auch der kompliziertesten Kristalle, ermitteln kann. Dies war einerseits die Begründung der Röntgenspektralanalyse, andererseits die der Feinstrukturanalyse der Materie.

Zunächst das spektrale Problem. Wie aus früheren Versuchen qualitativ geschlossen worden war, erwies sich das Spektrum der Röntgenstrahlen stets als komplex. Während die optischen Spektra von Atomdämpfen Linienspektra, die von Moleküldämpfen Bandenspektra und die von glühenden Körpern kontinuierliche Spektra sind, besteht eine Röntgenstrahlung stets aus einem kontinuierlichen Spektrum und einem überlagerten Linienspektrum: Röntgenbandenspektra gibt es nicht.

Das kontinuierliche Spektrum ist völlig unabhängig von der Art der durch Kathodenstrahlen zur Röntgenstrahlung angeregten Materie. Es ist die bei der Abbremsung der erregenden Elektronen (Kathodenstrahlen) in Materie entstehende elektromagnetische Strahlung, die »Bremsstrahlung«; es hat eine (im Gegensatz zum kontinuierlichen Spektrum erhitzter Körper) scharfe kurzwellige oder hochfrequente Grenze, deren Frequenz nur von der maximalen Energie der erregenden Elektronen abhängt: die Grenzfrequenz steigt proportional zu dieser. Das *Linienspektrum* besteht (im Gegensatz zu den komplizierten optischen Atomspektren) aus wenigen Gruppen von ein paar Spektrallinien, deren Wellenlängen nur von den Atomarten (chemischen Elementen) der zur Röntgenstrahlung angeregten Substanz abhängen – bis auf geringe hier unwesentliche Modifikationen völlig unabhängig von der chemischen Bindung oder dem physikalischen Zustand; je höher die Atome im Periodensystem der chemischen Elemente stehen, desto kurzwelliger, als höherfrequent sind diese Gruppen. – Hier liegt der erste große Erkenntnisgewinn der Röntgenspektralanalyse: Ihre Frequenz wächst stetig mit der Stellenzahl des strahlenden Atoms im Periodensystem, völlig unabhängig von Atomgewicht und chemischer Eigenschaft. Es ist die von Moseley 1913–14 gemachte Entdeckung des Ordnungsprinzips des altbekannten Periodensystems, der Ordnungszahl der Elemente, die für die 92 Elemente von Wasserstoff bis Uran von 1 bis 92 zunimmt und sich gleich der Zahl der positiven Ladungen der Atomkerne im Rutherfordschen Kernatom (1911) erwies: eine für die 1913 entwickelte Bohrsche Quantentheorie des Atombaus grundlegende Erkenntnis.

Die materialunabhängige hochfrequente Grenze des kontinuierlichen Spektrums, das genannte Moseleysche Gesetz und besonders die Erscheinungen bei der Übertragung von Röntgenstrahlungsenergie auf Elektronen (Röntgenphotoeffekt und Compton-Debije-Effekt) wurden entscheidend für die Konsolidierung der Quantenphysik, als Beweise für die extremsten Konsequenzen der Einsteinschen Photonenvorstellung und damit für die generelle Bedeutung des Planckschen Wirkungsquantums. Die genannten Eigenschaften der Röntgenlinienspektra gaben die Grundlagen für die Vollendung des Bohrschen Quantenmodells der Atome durch Sommerfeld, nämlich die Struktur der inneren Elektronenatmosphäre der Atome. Mit den sehr großen Röntgenstrahlquanten und ihrer quantitativen Meßbarkeit wurde ferner der direkteste experimentelle Beweis für den Einsteinschen Satz der Äquivalenz von Energie und Masse, den vollkommenen Satz der Erhaltung der Energie, erbracht: die wechselseitige Umwandlung von Röntgenquanten und den Massen (und deren kinetischer Energie) der elektrischen Elementarteilchen.

Ausschlaggebend für diese Bedeutung der Röntgenstrahlen für die Sicherung der Grundlagen der neuen Physik sind die durch Laues Entdeckung und Braggs Erweiterung ermöglichte Herstellung monochromatischer Röntgenstrahlen und die Präzisionsmessungen von Röntgenwellenlängen bzw. -frequenzen. Das gilt in noch erhöhtem Maß für die auf der Verwendung von Röntgenstrahlinterferenzen beruhende, umfassende Strukturerforschung der Materie; sie stellt bis heute immer weitere Bereiche der gesamten naturwissenschaftlichen Forschung auf gesicherte atomare oder molekulare Grundlagen, und sie wurde – man darf das sagen, wie sich gleich zeigen wird – der entscheidende Faktor für die gesamte moderne Technik. Wieder war ausschlaggebend ein methodischer Fortschritt: die Debije-Scherrer-Methode zur Erzeugung und Auswertung der Röntgenstrahlinterferenzen, die beim Durchgang eines monochromatischen Röntgenstrahls durch ein beliebig ungeordnetes Haufwerk kleinster Kriställchen entstehen.

Wie die Übertragung der optischen »Regenschirminterferenzen« zu Laues Röntgenkristallgitteranalysen führte, so stellt die Debije-Scherrer-Methode eine Übertragung der ringförmigen optischen

Interferenzen durch Nebel (Mondhöfe) oder beschlagene Auto- oder Fensterscheiben auf die viel kürzeren Röntgenwellen dar. Wenn ein Haufwerk winziger Kriställchen von einem »einfarbigen, monochromatischen« – nach den Erkenntnissen der Röntgenspektroskopie herstellbaren – Strahl einer einheitlichen Wellenlänge durchstrahlt wird, so erscheinen Interferenzringe, aufgelöst entsprechend der Struktur der Kriställchen; denn die Laueschen Interferenzflecken legen sich auf einen Kreis nebeneinander, weil sie bei beliebig im Raum verteilten Achsen des Kristallpulvers die Oberfläche eines Kegels bilden.

Die Braggschen Arbeiten über die Strukturanalyse gut ausgebildeter Kristallindividuen führten zu der neuen atomistischen Mineralogie, zur Klärung des atomaren Baus der verschiedenen Kristallsysteme und ihrer Bauprinzipien, mit sehr weitgehenden Konsequenzen für die Theorie des Festkörpers – bis dahin war die umfangreiche experimentelle und theoretische Kristallphysik reine Phänomenologie gewesen. Die Debije-Scherrer-Methode ermöglichte überdies auch die Strukturbestimmung von Kristallpulvern, von Erzen oder Mineralien; zum ersten Mal wurde jetzt »gesehen«, daß alle in der Technik verwendeten Metalle aus einem beliebig orientierten Haufwerk oft submikroskopischer Kriställchen bestehen, welche je nach Art des Metalls oder der Legierung, aber auch abhängig von ihrer mechanischen und thermischen Vorbehandlung, zu sehr verschiedenen Kristallsystemen gehören. Hatten seit 1896 die Röntgenstrahlen zur Untersuchung der inneren »Grobstruktur«, zur »zerstörungsfreien Prüfung« von Guß- oder Maschinenteilen auf innere Risse oder Löcher gedient, so konnte nun auch die atomare Feinstruktur des Materials festgestellt werden.

Das bedeutete nicht mehr und nicht weniger als die erste systematische Untersuchungsmöglichkeit für den Zusammenhang der physikalischen (und damit auch der technischen) Eigenschaften fester Körper mit ihrem atomaren Aufbau. Bei einem Versagen technischer Materialien durch Risse, durch Brüche, durch das Nachlassen elastischer Eigenschaften, durch Verformung, Korrosion oder was immer es sein möge, wird durch die »Feinstrukturanalyse« der in Veränderungen ihres Kristallbaus liegende Grund erkannt. Solche Erkenntnisse bilden aber auch die Grundlagen für die Entwicklung, für die »Züchtung« von Werkstoffen mit ganz bestimmten Eigenschaften, wie sie von der Technik für spezielle Zwecke verlangt werden – ich erinnere nur an die heutige breite Diskussion über die neuartige Ansprüche erfüllenden Reaktorwerkstoffe. Bedenkt man, daß der Wert aller und jeder Technik für den Menschen einzig und allein von der Zuverlässigkeit der verwendeten Materialien abhängt – von der feinsten Uhrfeder bis zu den Achsen von Eisenbahnwagen oder den Flügeln eines Jumbo-Jets, denn über die Zuverlässigkeit der überall zugrundeliegenden Naturgesetze braucht man sich ja keine Sorgen zu machen –, so ist es wohl kaum zu viel gesagt, daß Laues Aufklärung der physikalischen Natur der von Röntgen entdeckten Strahlen der wertvollste Fortschritt unserer Zeit ist.

Ähnliches gilt auch für andere Anwendungen der Strukturanalyse mit Röntgenstrahlen. So lieferte die Debije-Scherrer-Methode die »Struktur« der Flüssigkeiten – denn auch diese sind nicht strukturlos –, der elektrischen Bindungsprinzipien komplizierter chemischer Moleküle bis zu den Makromolekülen der Kunststoffe, und der Strukturen der im lebenden Organismus auftretenden Gewebe und Substanzen: was jetzt so viel über den genetischen Code, über die Chemie von Vererbung und Gedächtnis diskutiert wird, ist alles die unmittelbare Folge der Entdeckung Laues und der Braggs; die biologischen und medizinischen Konsequenzen dieser Strukturerkenntnisse sind dabei heute noch gar nicht absehbar.

Ein letztes Wort noch zur Verwendung der Röntgenstrahlen in der Medizin. An ihrer ursprünglichen Bedeutung für die medizinische Diagnostik hat sich nichts geändert; sie wird auch dauernd bestehen bleiben. Die ursprünglich nur phänomenologisch entwikkelte Röntgenstrahlentherapie – eine Folge der bei jeder Verwendung von Röntgenstrahlen ohne Schutzmaßnahmen auftretenden, anfangs erschreckenden Schädigungen, nämlich Röntgenverbrennungen und Röntgenkrebs – fand ihre wissenschaftliche Grundlage in der Physik der Röntgenquanten; in der Strahlentherapie vereinigen sich Entdeckungen Röntgens, Plancks, Einsteins und Laues.

Und wie verlief das Leben des Entdeckers nach der Entdeckung? Röntgen hatte zum 1. April 1900 nach langen Bedenken den Ruf an die Universität München angenommen. Der Abschied von Würzburg bedeutete für ihn mehr als nur die Loslösung aus dem Institut, in dem ihm seine große Entdeckung geglückt war – wobei aber bemerkt werden muß, daß er selbst die theoretisch und experimentell so geschlossene und erfolgreiche Untersuchung aus der Gießener Zeit über den »Röntgenstrom« für seine wertvollste Arbeit gehalten hat. Die Übersiedlung nach München bedeutete einen Bruch in seinem Leben – letztlich war er die Folge seiner großen Entdeckung. Sowohl in Gießen wie in Würzburg hatte das Ehepaar Röntgen einen Kreis von Menschen gefunden oder um sich gebildet, den wissenschaftliche Interessen, Aufgeschlossenheit vielen Dingen des Lebens gegenüber und Fröhlichkeit bestimmten; es war eine in Ausflügen und mancherlei Veranstaltungen unternehmenslustige Gesellschaft. Röntgen war trotz seiner etwas zurückhaltenden Art ein guter, lebhafter und humorvoller Unterhalter; er bastelte gerne kleine Zauberkunststücke mit physikalischen Tricks – berühmt war nach der Entdeckung der Strahlen ein verschlossenes Kästchen mit verschiedenen Gegenständen, deren von irgendjemandem vorgenommene räumliche Anordnung nur er mit Hilfe einer Röntgenlicht aussendenden Patronenhülse feststellen konnte. In den Ferien reiste er sehr gern, meist allein mit seiner Frau, aber auch mit Freunden, wohnte mit Vorliebe in guten Hotels und legte zu Hause wie auf Reisen Wert auf elegante Kleidung; es gibt manche Bilder von ihm mit Zylinder. Schon sehr früh widmete er viel Zeit dem Photographieren. Er liebte das Waidwerk und hatte seit seinen frühen Gießener Jahren eine eigene Jagd.

In München wurde vieles anders. Mit dem so oft erwähnten Frohsinn, mit der Leutseligkeit im Verkehr war es vorbei. Den damals üblichen offiziellen Pflichten verschloß er sich nicht, mied aber die Öffentlichkeit, soweit es ihm erlaubt schien: der Ruhm, den seine Entdeckung ihm brachte, machte den Menschen scheu. Höchste Anerkennungen und Ehrungen aller Art, internationale und nationale, waren der Entdeckung sofort gefolgt und mehrten sich von Jahr zu Jahr. Schon 1896 erhielt er als erste offizielle Reaktion die hochangesehene Rumford-Medaille der Royal Society in London, 1897 wurde er Hon. Member der neuen Londoner »Roentgen Society«, es folgte die Gründung von Röntgengesellschaften in vielen Ländern. Er wurde zum korrespondierenden oder Ehrenmitglied fast aller Akademien sowie der naturwissenschaftlichen und medizinischen Gesellschaften der Alten und der Neuen Welt gewählt; Städte machten ihn zum Ehrenbürger, benannten Straßen nach ihm. Natürlich erhielt er auch zahlreiche Orden.

Die Zurückhaltung mancher Kreise und der Regierung ihm gegenüber, die er von vornherein in München empfand, war wohl vor allem damit begründet, daß er den ihm noch in Würzburg von der Regierung verliehenen »persönlichen Adel« nicht angenommen hatte – das nahm man ihm übel. Er wollte aber das bleiben, was er aus eigener Kraft geworden war: der Wissenschaftler. So hat er auch seine Entdeckung nicht gesetzlich schützen lassen, weder die Erzeugung noch die medizinische oder technische Verwendung seiner neuen Strahlen; und er hat auch die Patentierung von Einzelheiten oder eine Beteiligung an wirtschaftlichen Ausnützungen, die ihm oft vorgeschlagen wurden, stets abgelehnt: wissenschaftliche Erkenntnis und erst recht eine sich als Segen für leidende Menschen erweisende Entdeckung waren für ihn kein Handelsobjekt. Nicht alle Verfertiger von Röntgenapparaten und Röntgenröhren folgten solchen Gedanken ihres Begründers, auch nicht der pfiffige Zigarrenfabrikant, der auf seine Kistchen druckte

Deli-Sandblatt/Havanna
RÖNTGEN-STRAHLEN
(gesetzlich geschützt)
Hochfeine 10 Pf.-Zigarre

1901 erhielt Röntgen als erster Physiker den im Testament von Alfred Nobel vom 27. November 1895 (also gerade während der Entdeckung der Röntgenstrahlen) gestifteten, im Herbst 1901 erstmals verliehenen Nobelpreis. Für die damalige bürokratische Gepflogenheit ist Röntgens Brief an das Ministerium vom 6. Dezember 1901 interessant:

»Betreff: Urlaub des Prof. Dr. Röntgen

Nach einer vertraulichen Mitteilung von der K. Schwedischen Akademie der Wissenschaften hat der ehrerbietigst gehorsamst Unterzeichnete den ersten Nobel-Preis für das Jahr 1901 erhalten.

Die K. Schwedische Akademie legt besonderen Wert darauf, daß die Preisgekrönten am Verteilungstag (10. Dez. d. J.) den Preis persönlich in Stockholm in Empfang nehmen. Da diese Preise einen ausnahmsweise hohen Wert haben und besonders ehrenvoll sind, so glaubt der ehrerbietigst gehorsamst Unterzeichnete dem Wunsch der K. Schwedischen Akademie, wenn auch nicht leichten Herzens, nachkommen zu müssen, und bittet er deshalb, ihm für die Dauer der nächsten Woche Urlaub gewähren zu wollen.

Dr. W.C. Röntgen.«[11])

Das Ministerium sendet am 8. Dezember das Gesuch mit der am Rand handschriftlich mitgeteilten Entscheidung zurück – kurz und bündig: »Auf Ihr Gesuch wird Ihnen für die Dauer der kommenden Woche der erbetene Urlaub bewilligt. Abschrift urk. dem Senate der K. Universität München.«

Röntgen genoß die großen Feierlichkeiten in Stockholm – aber nach eineinhalb Tagen hatte er bereits genug und fuhr nach Hause zurück; schon während der langen einsamen Fahrt nach Schweden hatte er einen recht unglücklichen Brief an Frau Berta geschrieben. Er hielt auch nicht den üblichen Vortrag über seine Entdeckung. Den Nobelpreis stiftete er der Universität Würzburg als Fonds für wissenschaftliche Forschungen.

Es gibt mancherlei Zeugnisse aus der Münchner Zeit, wie ernst er seine Pflichten als Professor, als Institutsleiter, als Fakultätsmitglied nahm, oder für seine Aktivität als Mitglied des Kuratoriums der physikalisch-technischen Reichsanstalt; das Angebot, deren Leitung zu übernehmen, lehnte er allerdings ab. Seinen Vorlesungen widmete er viel Zeit; schon in früheren Jahren hatte er allerlei neue Vorlesungsversuche ausgearbeitet und publiziert; er bereitete sorgfältig die Versuche vor, aber der Lehrerfolg war nicht groß – er las mit sehr leiser Stimme und mit Absicht nicht einfach; er war der Alptraum der Mediziner, und er sagte selbst: »Ich päppele keine Physiker auf.« Wer sich aber Mühe gab, lernte bei ihm in Vorlesung und Praktikum sehr gründlich Physik.

Im Kreis der Kollegen war Röntgen wegen seiner Offenheit und Festigkeit geachtet und gefürchtet. Über Ungerechtigkeiten oder

[11]) In den Akten des Bayerischen Kultusministeriums.

gar eigennütziges, die Interessen der Wissenschaft oder der Fakultät mißachtendes Streben erregte er sich – einmal schrieb er an den treuen Freund Boveri nach Würzburg: »Dann und wann kommt mir der Gedanke: warum legst Du alter Esel dich noch immer für solche Sachen so sehr ins Zeug und bereitest Dir manchen Ärger und schlaflose Nächte; aber deshalb lasse ich doch nicht davon ab.« Es handelte sich damals um eine von Röntgen vergeblich vertretene »Reform« (wie man heute zu sagen pflegt), welche die sachlich schädliche Machtbefugnis eines Institutsdirektors einschränken sollte.

Es ist keine Frage, daß er kein einfacher Verhandlungspartner war, vor allem, wenn es um das Durchsetzen der Förderung naturwissenschaftlicher Forschung ging, sei es in baulichen oder finanziellen, sei es in persönlichen Fragen, z. B. bei Berufungen. Es sind manche Briefe erhalten, in denen er sich mit scharfen Worten über die Interesselosigkeit von Verwaltungsorganen Luft machte – »quieta non movere ist der hier alles beherrschende Gedanke«. Oder wenn er über den von ihm im Gegensatz zu Würzburg so stark empfundenen Mangel an geistiger Anregung überhaupt klagt – »die Münchner Luft ist so stagnant«. Seine jahrelangen Kämpfe um eine Professur für theoretische Physik wurden schon erwähnt. Eine für Röntgen selbst, aber auch für die damaligen Arbeitsmöglichkeiten in München charakteristische Episode stammt aus der Zeit, als im Frühsommer 1912 im Sommerfeldschen Institut die Versuche zur Aufklärung der Natur der Röntgenstrahlen begannen. Die Hochspannung für die Röntgenröhre wurde mit einem – heute kaum noch bekannten – »Induktorium«, einem »Ruhmkorff« gemacht, so genannt nach dem Pariser Verfertiger des Instruments. (Auch Röntgen hatte die zur Entdeckung seiner Strahlen führenden Versuche mit evakuierten Entladungsröhren durchgeführt, die mit »einem Ruhmkorff« betrieben wurden.) Der primäre 110-Volt-Gleichstrom – technischer Wechselstrom stand noch nicht zur Verfügung – wurde aus dem städtischen Netz entnommen und mit einem »Wehnelt-Unterbrecher« in transformierbare Stromstöße zerhackt. Hierbei traten schnelle Spannungsschwankungen in dem noch wenig leistungsfähigen Netz auf, was im ganzen Haus, besonders aber in den im Auditorium maximum stattfindenden, ein gesellschaftliches Ereignis bedeutenden Vorlesungen des Kunsthistorikers Wölfflin die Projektionsbogenlampen zu lautem Krachen und Tönen veranlaßte. So wurden die Versuche von der Universitätsleitung kurzweg verboten. Bei den folgenden Verhandlungen mit dem Universitätsbauamt meinte Sommerfeld, man könne vielleicht von der Akkumulatorenbatterie des benachbarten Röntgenschen Instituts eine Leitung durch den Universitätshof zu seinen Kellerräumen führen. Er ging zu Röntgen, der sofort einverstanden war, die Versuche gingen unbeanstandet weiter – bis nach einigen Tagen die Mitteilung des Bauamts bei Sommerfeld eintraf: Exzellenz Röntgen habe sich geweigert, die Benutzung seiner Batterie zu gestatten! Sommerfeld ging kopfschüttelnd zu Röntgen, der angab, gar nichts von der Sache zu wissen – bis ihm einfiel: »Ach so, da war neulich etwas vom Bauamt hier; da sage ich gleich NEIN!«

Er hatte nämlich eine sonderbare Erfahrung mit dem Bauamt gemacht. Als der Bestelmeyersche Umbau der Aula fertig war, fehlte ein direkter Ausgang der Galerie; mit Widerstreben gab Röntgen zu, daß eine Verbindung zur Turmtreppe des Instituts geschlagen wurde. Darauf wurde noch eine weitere Verbindung zwischen Aula und Institut gefordert, um auch die Haupttreppe des Instituts als Ausgang benutzen zu können. Als Röntgen das energisch ablehnte, wiederholte die Universitätsverwaltung ihre Forderung, weil »im Fall einer Panik das Fehlen dieses Ausgangs direkt zur Katastrophe führen könnte«. Röntgen begründet am 3. Oktober 1909 seine wiederholte Ablehnung und schließt: »Der Unterzeichnete kann nicht umhin, seiner Verwunderung darüber Ausdruck zu geben, daß bisher ... niemals das jetzt mit einem Mal so stark betonte Bedürfnis nach einer ... Nottreppe erwähnt wurde. Ich möchte fast daran zweifeln, daß dieses Bedürfnis weiterhin so dringend ist, wie es jetzt dargestellt wurde; denn wenn ich das nicht tue, komme ich zu dem Ergebnis, daß es nicht bloß eine erdichtete Erzählung ist, wenn behauptet wird, daß es vorgekommen sein soll, daß man erst nach Vollendung eines Baues auf das Fehlen der Treppenanlagen aufmerksam wurde.«[12])

In seinem Institut war Röntgen äußerst streng und galt als schwer

[12]) Handschriftlicher Entwurf; Weilheim, 3. Oktober 1903 (Privatarchiv Walther Gerlach).

zugänglich. Er verlangte von seinen Assistenten viel, z. B. auch die Pflege der Instrumentensammlung. Um ihre und der Doktoranden wissenschaftliche Ausbildung durch Kritik und Anregung war er stets besorgt, ließ sie aber weitgehend selbständig arbeiten – man scheute sich, ihn zu fragen, er war oder galt eben als unnahbar. Als ich als junger Privatdozent während des Ersten Weltkriegs mit einem militärischen Auftrag ein paar Tage in München war, besuchte ich Röntgens Assistenten Ernst Wagner; auf meine Frage, ob ich wohl den Geheimrat einmal sehen könnte, meinte er noch: »Seien Sie vorsichtig!« – doch da kam schon der Geheimrat in das Zimmer. Als er hörte, daß ich Schüler von Friedrich Paschen sei, nahm er mich mit in sein Zimmer. Er zeigte mir kurz sein Elektrometer, sonst war ich ihm gleichgültig; er wollte nur genau Bescheid wissen über Paschens kurz vorher erschienene große Abhandlung *Bohrs Heliumlinien*, in der durch die quantitative Auswertung der Feinstruktur der von Bohr als Heliumlinien gedeuteten Spektrallinien Sommerfelds relativistische Theorie dieser Feinstruktur weitgehend bestätigt wurde; Paschen ging damals so weit, zu sagen, er habe den ersten direkten Beweis für die Relativitätstheorie erbracht – und genau das war es, was Röntgen so interessierte.

Sommerfeld erzählte oft, wie überraschend tief sich Röntgen in die neuen Fragen der Atom- und Relativitätstheorie einarbeitete und ganz im Gegensatz zu seiner zurückhaltenden Art – er beteiligte sich z. B. nicht an Kongressen – in den Sitzungen der Bayerischen Akademie seine Gedanken über umstrittene Probleme darlegte. Seine Sorge für die theoretische Physik haben wir schon erwähnt; er wollte das Fach aber »mathematische Physik« nennen, da es nur *eine* Physik gäbe und die Zusätze experimentell und mathematisch nur unterschiedliche Methoden kennzeichnen.

Über seine Strahlen hat Röntgen in München nicht mehr gearbeitet; nur einige Doktorarbeiten handelten von ihnen. Er selbst griff auf frühere Untersuchungen über Kristalle zurück, längere Zeit zusammen mit dem russischen Gelehrten A. Joffe; seine Strahlen dienten ihm als Hilfsmittel zur Änderung der optischen (»Verfärbung«) und elektrischen Eigenschaften derselben. Seine letzte Veröffentlichung, erst nach der Emeritierung abgeschlossen, erschien unter dem Titel *Über die Elektrizitätsleitung in einigen Kristallen und über den Einfluß einer Bestrahlung darauf* 1921 in Band 64 der Annalen der Physik, mit ihren 196 Seiten die längste Abhandlung in der schon seit Ende des 18. Jahrhunderts bestehenden Zeitschrift.

Während des Kriegs vereinsamte Röntgen mehr und mehr. Die Reisen nach Pontresina hörten auf; nur das 1904 erworbene Jagdhaus in Weilheim besuchte er öfter. 1915 hatte er im engsten Kreis von Familie und Freunden in Oberstdorf den 75. Geburtstag gefeiert. Dann nahm die Krankheit von Frau Röntgen zu; jahrelang pflegte er sie, rührend um sie besorgt, bis zu ihrem Tod am 31. Oktober 1919.

Jetzt wurde es ganz einsam um ihn. 1920 zog er sich von der Professur zurück, behielt aber als Direktor des »Physikalisch-Metronomischen Institus des Staates«, des Restes des einstigen »Cabinets« der Akademie, einige Arbeitsräume mit Apparaten, Etat und Mechaniker und arbeitete bis Anfang 1923 immer wieder an seinen Kristallen. Er war oft in Weilheim und machte nochmals Reisen mit Schweizer Freunden und sogar Bergtouren.

Ende Januar 1923 nahmen plötzlich die in den letzten Monaten gelegentlich aufgetretenen Beschwerden zu; ein Karzinom führte am 10. Februar 1923 zum Darmverschluß – der herbeieilende Sauerbruch konnte nur den Tod feststellen. Die Asche wurde am 10. November ins Gießener Familiengrab gebracht.

Gegen Ende seines Lebens vernichtete Röntgen schriftliche Unterlagen, Briefe und dergl. bis auf wenige Ausnahmen, darunter drei Briefe von Philipp Lenard aus den Jahren 1897–99, und Antwortentwürfe, verschlossen in einem Umschlag mit der Aufschrift »Briefe von P. Lenard – von einigem Interesse für eine Beurteilung des Verf.«[13]) Nach ihnen kann keine Rede davon sein, daß – wie Lenard vier Jahrzehnte später klagte – Röntgen seinerzeit seine Kreise gestört und Vorgeahntes vorweggenommen hätte. Lenard bewunderte wie die anderen Physiker Röntgens Entdeckung und dankte sogar, daß durch sie auch seine Kathodenstrahlversuche aktuell wurden. Zu der von Röntgen aufgeworfenen Frage, ob Lenards Kathodenstrahlversuche nicht durch Röntgenstrahlen gestört wurden, schrieb Lenard am 21. Mai 1897 aus Heidelberg: »Vor einiger Zeit habe ich meine früheren Versuche mit den Kathodenstrahlen

[13]) Röntgenarchiv, Physikalisches Institut Würzburg.

in der freien Luft wiederholt, um zu sehen, ob ich in jenen früheren Versuchen etwa durch das Vorhandensein der von Ihnen entdeckten Strahlenart gestört worden war, doch habe ich zu meiner Befriedigung gefunden, daß dies nicht der Fall war.« Die Frage war in der Tat berechtigt; denn Lenards Kathodenstrahlrohr sendet (wie Röntgen schon in der ersten Mitteilung berichtete) auch X-Strahlen aus. Aber ein nicht vorauszusehender Zufall verhinderte ein Mißgeschick: Lenard benutzte zum Nachweis der Kathodenstrahlen in der freien Luft das Aufleuchten eines organischen Ketons, welches auf Röntgenstrahlen nicht reagiert!

Von Röntgens Apparaten ist in Würzburg einiges, in München nichts mehr vorhanden. 1920 hatte Willy Wien die Nachfolge Röntgens übernommen, an seinem »Vorstandszimmer« gar nichts geändert, so daß ich es ab 1929 mit dem altertümlichen Schreibtisch und den mit grünem Plüsch überzogenen Stühlen und Sofa weiter benutzte, bis es in der Faschingsnacht 1943 den Bomben zum Opfer fiel, und mit ihm die sorgsamst gepflegten Erinnerungen an Röntgen: sein großes Elektrometer, die »Curie-Quarze«, die Piezometer seiner Druckversuche, einige große Kristalle, zahlreiche Schächtelchen mit künstlich verfärbten Kristallsplittern, alles säuberlich aber mit nicht entzifferbaren Zeichen versehen – und eine leere schwarze Thermometerhülse; auf ihr war ein kleines Zettelchen aufgeklebt, vom Institutsmechaniker Eichenseher beschrieben: »Von sr. Exzellenz zerbrochen am 3. März 1913.«

Schließen wir unsere Betrachtung über Röntgen, seine Entdekkung und ihre Folgen mit einer etwas nachdenklichen Bemerkung zur physikalischen Forschungsart, ja zu aller experimentellen Naturwissenschaft. Röntgen war es 1895 und in der folgenden Zeit nicht gelungen, die für optisches Licht und für die Hertzschen elektrischen Wellen charakteristischen Brechungs- und Interferenzerscheinungen mit den neu entdeckten Strahlen zu erzeugen. So schloß er auf eine »neue« Art von Strahlen. Laues Nachweis von Interferenzen mit Röntgenstrahlen, gestützt auf die prinzipielle Erweiterung durch die Braggs, lehrte, daß die Röntgenstrahlen keine neue Strahlungsart sind, sondern nur ein neuer Wellenlängenbereich des allgemeinen elektromagnetischen Spektrums. Jetzt, als man wußte, daß die Röntgenstrahlen sehr kurzwellige Strahlen sind, konnten auch ihre Brechung und vor allem ihre Interferenz mit den ganz normalen üblichen Methoden – mit Prisma und Beugungsgitter – erzeugt werden: die experimentellen Anordnungen mußten lediglich für so kurze Wellen modifiziert werden! Das hätten Röntgen und alle anderen Physiker, die sich bis zu Laue über die Natur der Röntgenstrahlen den Kopf zerbrochen haben, auch tun können, zumal die Hypothese einer äußerst kurzwelligen Lichtstrahlung schon 1896 geäußert wurde und 1905 durch Einstein neue Unterstützung gefunden hatte.

Nach den Entdeckungen von Laue, den Braggs und Debije-Scherrer erkennt man aber auch, daß Röntgen 1895 eigentlich schon unmittelbar vor diesen stand. Damals hatte er nämlich untersucht, ob die Durchdringungsfähigkeit seiner Strahlen gleich bleibe, wenn dieselbe Substanz einmal als ausgebildeter Kristall, einmal als Kristallpulver durchstrahlt wird: eine photographische Platte hinter beiden Präparaten zeigte tatsächlich die gleiche Schwärzung. Hierauf berief sich Röntgen, als er sich 1912 über Laues Idee und Versuchsplan so ablehnend äußerte. Heute müssen wir das ganz anders ansehen. Hätte Röntgen (wie man es bei optischen Versuchen ja auch macht) mit Blenden einen schmalen Röntgenstrahl erzeugt und die Belichtung einmal wesentlich länger durchgeführt, als für seinen Zweck erforderlich, so hätte er bei der Durchstrahlung des Kristalls Lauesche Interferenzpunkte, bei Durchstrahlung des Kristallpulvers Debije-Scherrersche Interferenzringe beobachten müssen.

Allerdings – und das muß zu beiden Bemerkungen gesagt werden – ließ sich aus der damaligen Physik keinerlei Anhaltspunkt für die Ausführung solcher Versuche finden. Die Kettelersche Annahme der Existenz so kurzer Wellenlängen – tausend-, zehntausendmal kürzer als die bekannten – wurde offenbar von allen Physikern für abwegig gehalten; und die Vorstellung, von der Laue ausgegangen war, nämlich die Hypothese der atomistischen Struktur der Kristalle, lag der noch »atomfeindlich« eingestellten Physik der neunziger Jahre wohl recht fern. Immerhin: Auch ohne jede Hypothese liegt die Frage, ob bei einer sehr langen Durchstrahlung von Kristallen und Kristallpulvern etwas neues auftritt, durchaus im Rahmen physikalischen Suchens und Probierens, zumal bei einem so gänzlich ungeklärten Phänomen; und viel abwegiger, als die Lauesche Frage den Physikern von 1912 erschien, ist sie ja nicht.

Es ist eine alte Weisheit der Experimentatoren: Kein Versuch ist so töricht, daß man ihn nicht machen sollte.

Naturwissenschaftliche Texte bei Kindler

Herausgegeben von Professor Fritz Krafft

CHARLES DARWIN

Essay zur Entstehung der Arten

92 Seiten, DM 5,–

Die grundlegenden Ideen seines Hauptwerkes »Entstehung der Arten« skizzierte Darwin bereits in einem seiner frühen Essays. Eine geniale Arbeit, die durch die aphoristische Prägnanz der Darstellung besticht.

HERMANN VON HELMHOLTZ

Über die physiologischen Ursachen der musikalischen Harmonien

64 Seiten, DM 5,–

Diese 1857 gehaltene Vorlesung des letzten großen Universalgelehrten demonstriert die Zusammenhänge zwischen Musik einerseits, Physik und Physiologie andererseits.

IMMANUEL KANT

Allgemeine Naturgeschichte und Theorie des Himmels

212 Seiten, DM 9,–

In dieser Abhandlung wird unser Sonnensystem zum ersten Mal als ein allmählich entstandenes und gemäß Newtonschen Gesetzen gewordenes dargestellt.

JOHANNES KEPLER

Warnung an die Gegner der Astrologie

184 Seiten, DM 9,–

Ein Dokument Keplerscher Ideen und der geistigwissenschaftlichen Situation am Vorabend des Dreißigjährigen Krieges. Für Freunde und für Gegner der Astrologie.

MAX PLANCK

Sinn und Grenzen der exakten Wissenschaft

72 Seiten, DM 4,–

Exakte Wissenschaft, Erkenntnis und Macht, Weltanschauung und Religion? Der Autor stellt neue Definitionen dieser Begriffe und ihrer Bezüge zueinander zur Diskussion.

RUDOLF VIRCHOW

Drei Reden über Leben und Kranksein

104 Seiten, DM 7,–

Drei Vorträge des Begründers der Zellularpathologie: »Mechanische Auffassung des Lebens«, »Atome und Individuen« und »Leben des Blutes« – drei wesentliche Beispiele für Virchows Forscherleistung.

7-1-4-4-2